KB120045

사장이 붙잡는 김팀장

사장이 붙잡는 김팀장

초판 1쇄 발행 2016년 11월 11일
2쇄 발행 2017년 8월 11일

지 은 이 홍석환
발 행 인 권선복
편집주간 김정웅
디 자 인 김소영
전 자 책 천훈민
마 케 팅 권보송
발 행 처 도서출판 행복에너지
출판등록 제315-2011-000035호
주 소 (157-010) 서울특별시 강서구 화곡로 232
전 화 0505-613-6133
팩 스 0303-0799-1560
홈페이지 www.happybook.or.kr
이 메 일 ksbdata@daum.net

값 15,000원

ISBN 979-11-5602-429-3 (03190)

도서출판 행복에너지는 독자 여러분의 아이디어와 원고 투고를 기다립니다. 책으로 만들기를 원하는 콘텐츠가 있으신 분은 이메일이나 홈페이지를 통해 간단한 기획서와 기획의도, 연락처 등을 보내주십시오. 행복에너지의 문은 언제나 활짝 열려 있습니다.

사장이 불잡는 김팀장

RESPECTED TEAM LEADER

홍석환 지음

존경받는 팀장으로 어떻게 기억되길 원하는가?

기업에 입사하여 근무한 지 벌써 31년이 흐르고 있다. 1986년 처음 삼성에서 업무를 시작하면서, 일하는 방식에 대해 배웠다. 삼성전기에서 처음 만난 조직장인 안 과장은 "인사는 사람이다."라며 당시 1,400명 전 종업원의 이름과 얼굴을 다 외우라고 했다. PC가 없던 시절이었다. 7시에 출근하여 정문에서 한 명 한 명 명찰을 확인하며 외우고, 업무시간에 공장 라인을 돌며 외우기 시작했다. 이후, 비서실(삼성인력개발원)에 가서 신입사원 입문교육을 진행하며 삼성인으로 그들을 전력화하기 위해 먼저 삼성인이 되어야 했다.

삼성경제연구소에서 입사 10년 차 만에 과장이면서 팀장인 관리자가 되었다. 이전에 그 누구도 관리자는 어떤 역할을 해야 하며, 어떤 성과를 창출해야 하는가에 대해 교육을 받거나, 선배로부터 지도받은 적이 없었다. 피터의 원리라고 했나? 관리자가 되어 실무자처럼 좌충우돌의 시기를 겪었다.

그 시기를 지나, 17년간의 삼성생활을 뒤로 하고 GS칼텍스에서 8년간 팀장으로 근무했다. 신뢰, 유연, 도전, 탁월의 핵심가치를 기반으로 한 이 회사는 허 회장님의 탁월한 전문성과 리더십, 조직과 구성원의 우수성, 6시그마와 각종 위원회, 학습조직 등의 전사 활동이 제도와 연계되어 시스템 경영의 정점을 보여줬다. 임원과 팀장 모두가 회사와 직무에 대한 높은 전문성과 충성도를 갖추어, 3천 명의 GS칼텍스 구성원을 강하게 이끌었고 지금도 이어가고 있다. 이후, KT&G로 옮겨 6년 차 임원으로 근무하면서 회사의 허리 역할을 하는 중간 관리자인 팀장이 강해야 회사가 강함을 느끼게 되어, 이 책을 저술하게 되었다.

이 책은 가상의 인물인 김철수 팀장을 통해 팀장으로서 무엇을 버리고 무엇을 해야 하는가를 제시하고 있다. 팀장이 해야 할 7가지의 역할을 통해 존경받는 리더로 우뚝 서야 함을 강조하고 싶었다.

첫째가 비전 제시이다. 그 회사 비전과 연계하여 자신이 담당하는 조직의 비전을 수립하고 공유하며 실천하게 해야 한다.

둘째는 전략적 사고이다. 회사의 전략을 자신의 전략으로 만들고, 사심을 버리고 회사와 조직을 위한 전략을 세우되, 가장 신속하게 실행할 수 있도록 이끄는 것이 팀장이다.

셋째, 변화 주도이다. 변화의 흐름을 읽고 선도하며 이에 맞도록 목표를 세우고 도전하며 열정적으로 추진해야 함을 강조했다.

넷째, 일 관리이다. 목표 – 계획 – 실행 – 점검의 차원에서 가장 효율적이고 효과적으로 일을 추진하기 위해 일하는 방식의 변화를 제시했다.

다섯째, 사람 관리이다. 결국은 사람이 답이고 경쟁력이다. 팀장의 모든 성과는 함께하는 구성원의 마음가짐, 역량, 실행의 결과이다. 이들을 어떻게 불타게 할 것이며, 상사를 보완하는 역할을 어떻게 수행할 것인가에 대해 기술했다.

여섯째, 조직 관리이다. 조직 관리의 원천은 신뢰를 기반으로 한 소통으로 보았다. 토요타 자동차의 후공정을 생각하는 마음, 학습조직과 원칙에 대해 강조했다.

일곱째는 자기관리이다. 가장 존경받는 팀장은 전문성과 덕을 갖춘 매력을 느끼게 하는 상사일 것이다. 누구나 언젠가는 회사를 떠난다. 떠난 후 찾아오는 후배가 몇 명이 있겠는가? 바다가 되라고 했다. 화를 참고 일과 생활의 균형을 가지라고 했다. 마지막으론 자신이 한 말을 반드시 지키라고 했다.

기업은 지속적으로 성장해야 한다. 이를 위해 그 중심에 중간 관리자인 팀장이 있다. 팀장은 자신이 속한 조직과 구성원의 역량이 강화되어 사랑 받는 존재가 되어야 한다. 조직 구성원들이 존경하는 상사로 함께 근무하고 싶은 롤 모델로 우뚝 서야 하며, 이 팀에서 근무하는 것이 자랑스럽고, 내가 속한 회사를 일하고 싶은 기업으로 만들도록 해야 한다. 이 책은 기업의 중간 관리자인 팀장이 강한 조직과 구성원을 이끌어 주길 바라는 마음에서 집필을 시작했다. 누구나 알고 있는 내용이지만, 실천하지 않음으로써 힘들어하거나 점차 경쟁력을 잃어가는 모습이 안타까웠다.

이 책을 통해 중간 관리자인 팀장이 어떤 마음가짐을 가져야 하는가? 어떻게 방향을 잡고 조직과 사람을 이끌어야 하는가? 어떻게 실행해야 하는가? 어떻게 자기관리를 해야 하는가에 대해 지금까지

필자의 경험을 중심으로 제시해 보았다. 이 책을 저술하면서, 초우량기업의 사례가 아닌 우리 한국 기업에 맞는 한국형 사례들을 고려했다. 구체적인 요령을 가르쳐 주기보다는 조직과 사람의 본질을 먼저 생각하게 했다. 이 책을 통해 담당하는 조직과 팀원을 올바르게 이끌기 위해 무엇을 어떻게 해야 하나를 고민하기를 권한다. 자신의 강점이 무엇인가를 고민하고, 강점을 강화해 나가기를 결정하기를 원한다. 혼자 대책을 세워 나가기보다는 함께 토론하여 결정해 나가갈 권한다.

집필을 하면서 고마운 분들이 많다. 삼성과 GS칼텍스, KT&G 등 직장 생활을 하면서 많은 인사이트를 주신 멘토님, 선배님, 동료와 후배님들이 있다. 한 분 한 분 거명하지 못함이 죄송스럽다. 한국 HR포럼, 인사노무연구회, 한국형 인사조직연구회 등의 회원님들, 월간 인사관리, 인재경영, HR Insight, 월간 HRD의 편집장님과 기자님들, 한국능률협회(KMA), 한국 생산성본부의 선후배님들은 이 책이 왜 출판되어야 하는가에 대해 강한 자극을 주었다. 대전의 많은 동문 선후배의 격려가 있었다. 그리고 집필에 전념할 수 있도록 배려해 준 사랑하는 아내와 서진, 서영에게 감사한다. 마지막 출판을 결정해 준 〈도서출판 행복에너지〉의 권선복 사장님에게 깊은 감사를 드립니다.

2016년 10월

일산 자택과 대전 KT&G 사택에서

홍석환

| 목차 |

책을 열며 4

PART 1
비전 제시 10

조직장의 파워는 어디에서 나오는가? 12 비전은 스스로 만들어 가는 것이다 16 10년 후 어떤 나를 만들 것인가? 20 가치기준과 원칙을 부여하다 24 한 발은 현재 한 발은 미래 27 3분 안에 자신의 역할을 설명하다 30 결단의 순간을 즐겨라 33 개인과 회사의 비전을 연계하다 36 직원들을 꿈꾸게 만들다 39 적극적으로 경쟁하다 42

PART 2
전략적 사고 46

1등이 되게 하다 48 생존 전략을 갖고 있는가? 51 사업의 본질을 꿰다 54 내 직무에 3가지 이상의 차별화된 경쟁력이 있는가? 57 핵심성공요소를 파악하다 60 자원을 최적화하고 있는가? 63 잠재된 문제를 파악하다 66 위험을 분산하다 69 불확실성하에서의 의사결정을 하다 72 강점을 강화하다 75

PART 3
변화 주도 78

혁신은 유지가 아닌 생존이다 80 먼저 나부터 변화하다 84 익숙한 것으로부터의 탈출 87 기본에서 출발하다 90 내부와 외부의 균형감 93 패러다임을 읽고 반영하다 96 목표를 정해 도전하다 99 줏대 없이 따라하지 않는다 102 작은 성공을 맛보게 하다 105 실패에서 배우고 반복하지 않는다 108

PART 4

일 관리 112

목표 설정의 명확화 114 하루 6가지 해야 할 일 117 일을 재미있게 하다 120 목표에 대한 조감도를 그려라 123 제대로 일하는 것과 일을 제대로 하는 것 126 일의 전문성은 기본이다 129 업무의 방향 설정과 업무분장 132 엄격하면서도 공정한 평가와 피드백 135 상사 설득 138 결론을 내는 회의 142

PART 5

사람 관리 146

직원의 시장 가치를 올려 줘라 148 한 사람 한 사람에게 진정한 관심을 보이다 151 상사 보좌와 보완 154 공과 사를 분명히 한다 158 후계자 선발과 유지관리 162 육성? 현장의 일을 통해 성장하다 167 진정한 질책을 하다 171 조직장은 구성원이 성과를 내도록 지원한다 175 적재적소 배치 179 영원한 과제 인맥관리 182

PART 6

조직 관리 186

조직의 비전과 역할을 내재화하다 188 내 조직을 이끄는 그라운드 룰이 있는가? 192 이 부서는 비범한 인재를 만드는 곳 196 소통, 소통 또 소통 199 팀워크, 우리는 한 방향 203 후공정을 생각하다 206 청결한 조직인가? 209 학습조직을 통한 성장 212 조직을 이끄는 4가지 비결 216 기강을 세워라 220

PART 7

자기 관리 224

떠날 때 환영 받는 조직장이 되어라 226 자신을 명확히 인식한다 231 조직장의 매력을 느끼게 한다 236 바다가 되어라 240 앞과 뒤가 다르면 곤란하죠? 244 일과 생활에 균형을 가져라 249 술자리에서 매너 252 화를 참다 257 메모 261 자신이 한 말은 반드시 지킨다 265

책을 마무리하며 268
부록 274
출간후기 284

조직장의 파워는 어디에서 나오는가?
비전은 스스로 만들어 가는 것이다
10년 후 어떤 나를 만들 것인가?
가치기준과 원칙을 부여하다
한 발은 현재 한 발은 미래
3분 안에 자신의 역할을 설명하다
결단의 순간을 즐겨라
개인과 회사의 비전을 연계하다
직원들을 꿈꾸게 만들다
적극적으로 경쟁하다

PART 1

비전 제시

조직장의 파워는 어디에서 나오는가?

"내가 더 쪼면 직원들이 정신 차리고 일하겠지, 그러면 올해 목표는 무난히 달성될 거야."

참 편한 리더십이다. 직원들은 하려는 목표와 열정이 있다. 그러나 신뢰하지 못하고 무조건 강압적으로 이끌려는 조직장의 언행엔 귀를 막는다. '그래, 시키는 대로 하지 뭐' 하는 식으로 수동적이 된다.

조직장은 시키지 않아도 자율적으로 일을 제안하고 성과를 내는 직원이 사랑스러울 것이다. 하지만 직원들은 조직장의 말과 행동을 지켜보며 판단한다. 조직장이 제대로 하지 않으면서 말로만 하라고 하면 어느 순간까지는 발전이 될 수 있지만, 지속될 수는 없다. 조직 분위기는 갈수록 악화되고 성과는 눈에 띄게 저하된다.

조직장은 무엇을 바탕으로 영향력을 행사할까? 첫째, 직책이다. 군인들은 계급, 근속, 연령을 이야기할 것이다. 그러나 직장인은 합법적 직책을 주장한다. 회사의 대리, 과장, 차장, 부장, 상무, 전무, 부사장의 직위보다도 팀장, 실장, 본부장, 사장으로 이어지는 직책이 파워를 갖는다. 직책이 높을수록 보다 강한 파워를 갖는다.

직책을 맡은 사람이 행사하는 파워 중 대표적인 것이 평가, 보상 및 승진이다. 평가는 자신의 말에 따르지 않는 구성원에게 부정적 파워를 미칠 수 있다. 또한 '성과 있는 곳에 보상 있다'라는 원칙으로 성과에 따라 구성원에게 차별적 보상을 함으로써 파워를 행사할 수 있다. 보상은 금전적 보상인 연봉, 복리후생 등과 비금전적 보상인 칭찬과 인정, 성장기회 부여 등으로 구분된다. 보상의 차별화를 통해 어느 정도까지는 긍정적, 부정적 파워를 구사할 수 있다. 직책을 통해 영향을 미치는 또 다른 요인은 승진이다. 승진은 상위 직위 또는 직책의 이동으로 평가와 보상에 비해 보다 적극적인 파워의 수단으로 활용된다. 그러나 이러한 직책에서 오는 파워는 한계가 있다. 조직장의 이동 여부, 혹은 구성원이 얼마나 그를 수용하고 인정해 주느냐에 따라 그 영향력은 천차만별이다.

둘째, 조직장의 전문성이다. 직책에서 오는 파워보다 한 단계 위의 파워가 바로 상사의 전문성에서 오는 파워이다. 조직생활과 업무 추진을 위해 높은 수준의 전문성이 있다면, 파워는 발휘될 수밖에 없다. 만약 직책이 높은 사람이 전문성도 높다면 이 자체가 강력한 파워가 된다. 한 기업의 대표이사가 학력이 해당 사업을 전공한 외국 박사이며, 그 기업에 가장 오래 근무했으며, 다양한 직무를 경험했고, 더군다나 직무 관련 책을 여러 권 출판했고, 해외 석학들과 직무 관련 세미나에서 발표하는 수준이라면, 대표이사의 말 한마디는 곧 법일 것이다.

셋째, 품격이다. 구성원의 마음 속 깊이 자신이 닮고 싶은 롤 모델로 조직장이 간직되어 있다면, 그들은 아무리 힘든 일, 고통스런 일이라 할지라도 밤을 새며 완수할 것이다. 그분의 "고맙다."는 짧은 말 한마디는 그에게 그 어떠한 보상보다 큰 감동이 된다. 존경하는 사람에게서 칭찬받았다고 기뻐할 것이다. 진실하게 신의를 지키고, 구성원 한 사람 한 사람에게 관심을 가지고 진정으로 잘되도록 이끄는 덕망을 갖춘 신망 받는 조직장은 반드시 그를 따르는 사람들이 많다. 회사에 아무리 유능하고 좋은 학교를 졸업한 뛰어난 사원이 많다 하더라도, 이들에게 방향을 제시하고, 하나로 묶어 힘을 발휘하도록 이끌어 주는 사람이 필요하다. 성실하기만 해서는 이끄는 사람이 될 수 없다. 기본적으로 넓고 깊은 식견을 바탕으로 덕을 겸비해야만 한다. 거대한 기업을 이끌고 나가는 사람은 힘이 강하고 지위가 높은 사람이기 이전에 덕을 갖추고 실천하는 사람이다.

조직장의 파워가 어디에서 나오는가를 생각하면서 직장생활 경험을 통해 깨달은 것 가운데 하나는 두려움의 존재로서 조직장이 갖는 파워는 오래가지 못한다는 점이다. 직원들은 고함치고, 뭔가를 던지며, 자신의 주장 이외는 들으려 하지 않는 조직장 앞에서는 반대 의견을 내지 않는다. 그렇다고 해서 돌아서서 행하려 하지도 않는다. 있는 동안에는 비난하지 않지만, 이 조직장이 떠나면 온갖 비난과 불만이 회자된다.

직원들이 조직장의 말 한마디에 바로 수긍하고 따르는 경우는 언제일까? 덕망을 갖춘 조직장이 깊은 고뇌가 담긴 옳은 결정을 이야기할 때이다. 조직장의 권위가 서는 것은 '올바른' 의사결정을 '제때' 명확하게 내려줄 때이다. 여기에 그 조직장이 직원 한 사람 한 사람을 진정성 있게 대하고 이끌며, 품격까지 갖추었다면, 그의 말과 행동은 자연스럽게 직원들에게 큰 영향을 미치게 된다.

삼성 이병철 회장은 최고경영자의 자질이 중요하다고 강조하며, 사장의 조건을 7가지 말했다.

첫째, 덕망을 갖춘 훌륭한 인격자
둘째, 탁월한 지도력
셋째, 신망 받는 인물
넷째, 풍부한 창조성
다섯째, 분명한 판단력
여섯째, 추진력
일곱째, 책임질 줄 아는 사람

즉 이 회장이 조직장에게 가장 필요한 조건으로 뽑은 것은 덕망과 지혜를 갖춘 훌륭한 인격자이다.

비전은 스스로 만들어 가는 것이다

어떤 부부가 디즈니에서 인턴사원으로 일하고 있는 아들의 초대로 디즈니랜드를 방문했다. 관람 도중 아들은 부모에게 잠깐 기다리라고 하더니 표정이 시무룩한 한 여성 관람객에게 다가갔다. 재미있는 몸짓과 말로 관람객의 표정을 밝게 바꿔놓고 돌아온 아들은 궁금해하는 부모에게 이렇게 말했다.

"만약 그분이 계속 얼굴을 찡그리고 다니면 다른 사람들도 얼굴을 찡그릴 것 아니겠어요? 여기는 지구상에서 가장 행복한 곳인데 그러면 안 되죠."

아버지는 아들의 프로정신을 대견해하면서도 한마디 물었다.

"월트 디즈니가 죽은 지가 언젠데 아직도 그 사람이 말한 비전 타령이냐?"

"디즈니는 없지만, 그의 비전은 여기에 살아 있다. 그것이 바로 디즈니 테마 동산이 세계 초일류로 운영되는 이유지요."

울상인 손님의 기분을 바꾸라는 규정은 디즈니랜드 어디에도 없다. 하지만 정식 직원이 아닌 인턴사원조차도 지구상에서 가장 행복한 꿈의 동산을 만드는 데 동참하겠다는 열정을 공유하도록 한 게 디즈니의 업적이다.

한 사람의 비전은 이렇게 다른 사람에게 전이된다. 가슴을 뛰게 만든다. 비전이 공유되면 구성원들은 하나가 되어 한 방향으로 달려간다. 목표가 앞에 있고 그 앞을 향해 모두가 일사불란하게 달린다면, 그 어떠한 안 좋은 상황에서도 성과를 창출하게 된다. 악재가 가로막아도 이들은 그 악재마저도 극복할 것이다. 비전의 공유는 이렇게 강력한 힘의 원천이다.

김 팀장은 조직장이 회사의 성장과 경영활동에 전념을 다하고 있는가를 판단하는 기준은 어떤 비전과 장기 전략을 구상하고 공유하며 실천하고 있는가에 있다고 해도 과언이 아니라고 생각한다. 조직장의 역할은 의사결정이며, 이는 급변하는 경영환경을 분석하고, 예측하며, 이를 대응하기 위한 기업의 전략을 찾아내고, 이를 강력하게 추진하는 과정에서 발휘된다. 조직장의 뛰어난 비전과 전략은 구성원에게 판단의 기준이며, 행동의 시발점이다. 구성원들은 조직장들의 비전으로 인하여 가슴이 설레고 자신에게 주어진 일들을 소신껏 추진하게 된다.

조직장은 어떻게 비전을 수립할까? 어느 기업에서 비전을 수립한다고 컨설팅을 받는 모습을 지켜보았다. 컨설턴트들이 구성원에게 설문을 통해 비전 문구를 공모하고, 최고 경영층, 관리자 및 사원과의 인터뷰를 통해 비전을 정하고 발표하였다. 이렇게 비전이 설정된 것이다. 모든 구성원이 참여했고, 구성원의 염원이 담겼기 때문에 만들어진 비전은 꼭 달성되리라는 희망도 강했을지 모른다. 비전은 기업과 구성원의 미래를 밝혀 주는 등대 역할을 하기에, 비전 설정에 많은 사람이 동참하는 것은 매우 의미가 있다.

그러나 기본적으로 비전은 전 구성원의 합의된 결과가 아닌 조직장의 철학이다. 미래를 바라보며 우리가 도달해야 할 바람직한 모습에 대한 열정이다. 반드시 이룩하겠다는 치열함과 진정성이 담겨 있어야 한다. 비전은 조직장의 마음속에 내재화되어 있어 언제 어디서나 누구에게나 자연스럽게 비전을 이야기하고 공유하며 함께 가도록 습관화해야 한다. 그러므로 비전은 조직장이 스스로 고민하여 결정하고 자신을 이끄는 내재화된 힘이다.

애벌레는 7번 탈바꿈해서 매미가 된다고 한다. 끊임없는 변화를 통해 자신을 만들어 가게 하는 것이 비전이다. 그래서 비전을 갖고 있는 사람은 항상 성장하며, 늘 분발하고 매진한다. 김 팀장은 회사의 비전을 자신이 담당하는 팀의 비전으로 연계하여 재수립해야 한다고 강조한다. 회사의 비전도 중요하지만, 팀원들에게 팀의 비전을 구체화하게 하고 이것이 팀의 전략과 세부 추진방안으로 실행되어야 한다고 본다.

10년 후 어떤 나를 만들 것인가?

『내 인생을 바꾼 한 권의 책』에서 본 글이다. 데이비드 슈워츠는 『크게 생각할수록 크게 이룬다』를 읽고, 다섯 개의 영역, 즉 남편 · 아버지로서의 영역, 영적인 영역, 직업에서의 영역, 재정적인 영역, 재미의 영역에서 108개의 목표를 정했다. 그 중에는 비행기에서 뛰어내리기, 제트전투기로 항공모함에 착륙하기, 잠수함 타고 대양 여행하기, 투나잇 쇼에 출연하기, 대통령과 만찬하기, 교황 만나기, 아프리카 사파리 탐험, 팜플로나에서 소몰이 하기 등이 있었다. 이 중 그는 102개를 이뤘다.

만약 그가 108개의 목표를 세우지 않았다면 그는 비행기에서 뛰어내리지 않았을 것이다. 제트전투기를 탈 일이 없었을 것이다. 나아가 대통령과 만찬을 하기 위해 수없이 많은 노력을 하지 않았을 것이다. 그가 이런 행동을 한 것은 오로지 108개의 목표가 있었기 때문이다.

영화 '버킷리스트'에 출연한 잭 니콜슨과 모건 프리먼은 딱 6개월만 살 수 있다면 가장 하고 싶은 것 3가지씩을 적는다. 모건 프리먼은 '모르는 사람 도와주기, 큰 소리로 웃기, 장엄한 것을 보기'를 적고, 잭 니콜슨은 '아름다운 여인과 키스하기, 문신하기, 스카이다이빙 하기'를 적고 실천한다. 죽음 앞에 그들은 진정한 친구가 되어 결국 서로의 인생에 참된 기쁨을 준다. 병실에서 서로를 알지 못하고 말없이 헤어져 잊힌 존재가 되었을 그들이 친구가 될 수 있던 것은 가장 하고 싶은 3가지가 있었기 때문이다.

10년 후 김 팀장 자신이 만들고 싶은 일, 꼭 해보고 싶은 일이 있다면 무엇인가 고민해 본다. 지금 40세가 넘었다면 지난 10년을 돌아봐라. 처음 드는 생각은 10년이라는 시간이 어제 같고 너무 빨리 지났다는 점이다. 건강하다면 10년 후는 반드시 온다. 그것도 생각하기 싫을 만큼 빨리 온다. 딸아이가 벌써 20대 중반을 넘었는데 내 눈에는 그냥 어린아이이다. 어느 날 딸이 연인을 데려오면 자신의 나이를 인식하게 된다.

직장에서 고졸 신입사원과 면담을 하다 충격을 받은 일이 있다. 면담 중, "저희 엄마가 팀장님과 연세가 같아요."라는 말을 들은 것이었다. 연세가 같다고? 세상에 아직 나는 30대 인생을 살고 있는데, 성숙한 사회인의 어머니와 내 나이가 같다니, 벌써 그렇게 늙은 거야? 온갖 생각이 다 든다.

얼마 전엔 직원들에게 직장에서 남기고 싶은 3가지를 적고 이야기하자고 했다. 언제 남기느냐? 왜 남겨야 하느냐? 어느 수준이냐? 등등을 묻기에 그냥 마음속으로 남기고 싶은 것들을 이야기해 달라고 했다. 직원들은 당황해하면서 나름 한두 가지를 정해 이야기한다. 대부분 자신의 직무에서의 성과이며, 꼭 집어 3가지를 이야기한 사람은 없었다.

3년 전이었다. 정년퇴임하시는 선배님들을 모시고 퇴임식에 참석했다. 한 분 한 분 연단에 올라 퇴임인사를 하는데, 대부분 선배님들은 "내가 30년 넘게 이 회사에 근무하면서 아내를 만나고 자식을 낳아 반듯하게 키웠으며, 반평생 행복하게 살아 온 것은 회사와 여기 모인 후배님들의 도움이 있었기 때문입니다. 감사합니다."라고 인사한다.

당신이 10년 후 정년퇴임을 맞는다면 이렇게 인사하겠는가? "내가 여기 30년 넘게 근무하면서, 세계 최초, 업계 최초, 국내 최초로 이런 일들을 했고, 회사에 100억 이상 매출을 달성하게 한 이런 일들이 있었습니다. 내가 입안한 제도는 지금껏 회사의 토대가 되어 경쟁력을 강화해 주고 있네요. 여기 모인 후배님들은 저를 뛰어넘어 더 많은 성과로 이 회사를 지속성장 시킬 수 있을 것이라 확신하고 저는 이제 제3의 인생을 향해 기쁜 마음으로 출발합니다." 이렇게 인사할 수는 없겠는가?

한 후배가 연단에 뛰어올라와 "선배님은 제가 닮고 싶은 존경하는 롤 모델이었습니다. 선배님 건강하시고 행복하세요. 가끔 찾아

뵙고 막걸리 한 잔 하겠습니다."라고 하면 얼마나 기분 좋겠는가? 퇴직한 선배가 회사를 욕하며 다시는 찾지 않고, 후배가 선배의 잔재를 지워버리면 슬픈 일이다. 결국 10년 후 만들고 싶고 해보고 싶은 일이 있을 때 그 성취가 가능하다.

평생 동안 한 가지 일을 하고, 그 속에서 행복을 느끼고 주님의 곁으로 간 사람이 있다. 평생 자신이 하고 싶은 것을 찾다가 결국 찾지 못하고 떠난 사람도 있다. 그리고 자신이 하고 싶은 모든 것들을 하면서 삶을 즐기고 떠난 사람도 있다. 개인으로서 당신은 하고 싶은 많은 것들을 순서를 정해 평생 하나씩 하나씩 지워가며 즐기고 살 수 있다.

조직장으로서 꼭 해보고 싶은 일이 있다면 무엇인가? 조직장의 비전은 자신의 신념이며 모두에게 약속하는 선언이다. 조직장으로서 당신은 당신만을 위해 꼭 하고 싶은 일을 정하는 것이 아닌, 회사와 조직을 위해 당신이 꼭 하고 싶은 일을 정해야 한다. 무엇이 있을까? 우리 회사를 가장 근무하고 싶은 회사 10위 이내에 10년 연속 포함되도록 만들기, 가장 존경받는 기업 TOP 10으로 만들기, 인류사회에 가장 공헌한 기업 TOP 10으로 만들기, 매년 M/S 20% 이상을 3년 이내 새로운 아이디어로 개발된 제품이 차지하는 기업 만들기 등. 내가 진정으로 꿈꾼다면, 내 꿈은 언젠가는 이루어진다고 다짐해 본다.

가치기준과 원칙을 부여하다

김철수 팀장은 재무팀에서 줄곧 회계 및 세무업무를 담당하다가 금번 핵심인재의 전략적 이동에 따라 인사팀으로 자리를 옮기게 되었다. 평소 꼼꼼하기로 소문난 김 팀장이 인사팀으로 온다는 소식에 많은 직원들이 인사팀원들에게 "너희 어떡하냐?" 식으로 위로를 전할 정도였다.

김 팀장이 인사팀에 와서 가장 먼저 정한 것이 바로 인사원칙이었다. 인사의 철학과 원칙을 규명하고, 이를 기반으로 전사의 사업전략과 연계하여 인사 전략방향 및 운영을 해야 한다는 확고한 생각을 가지고 있었다. 김 팀장은 팀원들을 전부 모아 HR이 지향해야 할 기본방향 및 인사원칙을 통해 인사기준, 인사조직 및 인사담당자의 제도 · 행동강령 · 목표 등을 일관성 있게 추진하기 위해 자신이 작성한 인사원칙에 대해 설명하였다.

즉 인사는 조직과 구성원의 역량 강화를 통해 회사의 지속성장을 이끄는 견인차 역할을 담당해야 한다는 것이었다. 이를 위해서는 구성원의 글로벌 경쟁력 확보, 성과 지향의 제도, 현업 중심의 인사 운영이 큰 축이 되어야 함을 강조했다. 김 팀장은 인사 원칙으로 4가지를 제시했다. 사업전략과의 연계, 성과 · 역량에 따른 평가보상 강화, 역량 중심 인력 육성, 현업 관리자의 자율과 책임 강화였다. 그는 이를 위해 한번 한마음으로 하나가 되어 달려 보자며 팀원들의 손을 꽉 잡아 주었다.

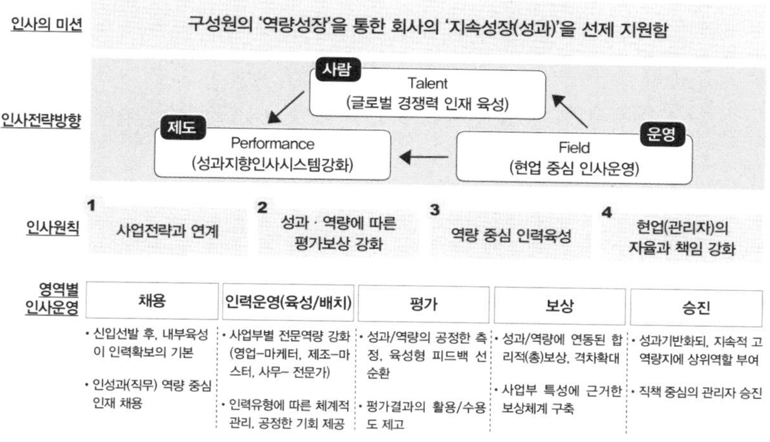

기업의 핵심가치는 구성원의 생각과 행동의 판단기준이 된다. 회사 인재상과 핵심가치가 있듯이 이를 기반으로 부서별로 업무 특성에 부합하는 가치 기준과 원칙이 있다면 구성원들은 한 방향으로 더 나아갈 수 있다. 그러나 이러한 원칙이 없고 조직장마다 제각기 다른 철학으로 밀어붙이는 식의 조직운영을 한다면 여러 병폐가 발생한다. 대표적인 것이 전 조직장이 내세운 원칙이나 약속이 철저히 무시되는 경우이다. 이럴 경우 구성원들은 '이 또한 지나간다'는 식으로 새로 부임한 조직장이 무슨 말을 해도 듣지 않는다. 조직 내 신뢰가 싹트지 않는 것이다. 구성원이 조직장을 존경하는 것은 확고한 철학과 원칙이 있고, 이를 중심으로 흔들리지 않는 의사결정을 할 때이다.

한 발은 현재 한 발은 미래

노인정에 가면 젊었을 때 잘나가지 않은 분들은 없다. 앉아 계신 분들이 전부 젊었을 때 자신이 했던 무용담으로 이야기꽃을 피운다. 듣고 있던 한 분이 조용히 말을 건넨다. "저 친구의 지금 저 말은 내가 100번도 더 들었어." 하지만, 무용담을 피력하는 할아버지의 모습에는 기쁨이 있다. 과거를 먹고 사신다.

직장생활을 하다 보면 모든 관리자와 경영자는 성공한 사람들이다. 대리 또는 과장 시절에 일을 잘했고, 혁혁한 성과가 있었기에 지금 그 자리에 있는 것이다. 이들 중에는 과거의 성공이 하나의 판단기준으로 굳게 자리 잡은 분들이 있다. 젊은 직원들이 일이 있는데도 퇴근하려고 할 때, 나는 일이 있으면 밤을 지새우는 한이 있어도 끝내지 않고 간 적이 없다고 한다. 급한 사정이 있어 1시간 먼저 퇴근하려고 하면 회사 일보다 더 급한 일이 어디 있냐고 한다. 무슨 일만 있으면 과거 자신이 했던 방식과 비교하며 이렇게 저렇게 하라고 지시한다. 그 생각과 방법이 그분을 성공하게 한 원동력이었기 때문에 무어라 이야기하기는 어렵다. 그러나 직원들은 답답해한다. 어렵게 용기를 내어 저녁 술자리에서 넌지시 말을 꺼내 보지만, 바늘구멍 하나 들어갈 틈이 없다. 오히려 요즘 젊은 친구들이 너무 나약하다고 한다.

김 팀장은 위기를 생각해 본다. 과거의 위기를 돌아보면 그 순간이 어떻게 지났나 감회가 새롭다. 신입사원 시절, 신년행사 사회를 보면서 대표이사라는 호칭 앞에 "부사장 대표이사이신 ○○○를 모시겠습니다."라고 해서 난리가 난 일, 보고서를 바꿔 비서실에 전달한 일, 수출 계약을 잘못하여 회사에 큰 손해를 준 일, 사람을 잘못 평가하여 추천한 사람이 회사에 누를 끼친 일 등등 선배와 상사의 적극적인 지원이 아니었다면 이 자리에 있지 못했을 것이었다며 감사하는 마음을 가져 본다.

위기가 오면 많은 사람들은 불안해하고 당황하며 좌절하기도 한다. 과거의 위기 속에 좋은 경험을 얻고 이를 현재 생활에 큰 힘이 되도록 활용해야 하는데, 트라우마에서 벗어나지 못하는 사람도 있다. 김 팀장은 과거의 위기는 이미 다 지나갔고 극복했기 때문에 현재의 위기도 '이 또한 지나간다'는 생각으로 극복해 간다고 한다. 김 팀장이 생각하는 자신을 가장 힘들게 하는 위기는 퇴직도 건강도 노후설계도 아닌 바로 사랑하는 아내와의 갑작스런 사별이란다. 그는 100세까지 살아가기 위해 자신이 하고 싶은 100가지 일을 정했

단다. 그의 100번째 하고 싶은 일은 아내와 함께 감사하고 사랑하고 용서할 사람을 초대해 근사한 파티를 열어 그들에게 감사와 용서를 구하고, 같은 날 같이 하늘나라로 떠나는 것이다. 그는 행복한 죽음을 맞이하기 전까지 해야 할 일이 너무나 많다고 한다.

요즘 김 팀장은 항상 '한 발은 현재, 한 발은 미래'라고 강조한다. 자신의 과거는 큰 경험이고 감사였다고 한다. 오늘을 보다 의미 있게 살기 위하여 항상 금일 해야 할 6가지를 정하고 중요한 일부터 끝내 나간다고 한다. 그러면서 가족, 취미, 재산, 지인, 건강, 일, 자기계발, 종교 등 8영역의 할 일을 정하고 하나씩 준비해 나간다고 한다. 김 팀장은 요즘은 회사 일이 바빠 다른 일에는 시간을 내기가 어렵다고 하면서도 시골에 계시는 부모님께 전화를 드린다.

3분 안에 자신의 역할을 설명하다

거리를 걷는데, 뒤에서 누가 어깨를 툭 친다. 아는 사람인가 생각하고 뒤를 돌아보니 처음 뵙는 나이가 지긋한 어르신이었다.

"자네의 꿈은 무엇이며, 인생을 통해 꼭 해보고 싶은 일이 무엇인가?"

만약 질문을 이런 상황에서 이렇게 받았다면 어떻게 할 것인가? 많은 사람들은 무시하고 길을 갔을 것이다. 몇몇은 어르신에게 이런 행동을 하지 말라고 했을지도 모른다. 그러나 "저의 꿈은 이것이며 저는 살면서 100가지 해보고 싶은 것을 정했는데 그중 2가지를 달성했습니다. 나머지 98가지를 달성하기 위해 오늘도 준비하며 즐겁게 생활하고 있습니다."라고 말하는 사람도 있을 것이다.

딸이 초등학교 5학년일 때, 학교에서 아이들을 위해 1시간 동안 좋은 이야기를 들려달라는 부탁을 받았다면, 어떻게 할까? 자기 딸이 있고, 딸의 친구들이기 때문에 승낙할 가능성이 높을 것이다. 이제 승낙을 한 만큼 이런 저런 고민을 하면서 어떤 주제로 어떻게 이야기를 할까 정할 것이다. 대학생 이상의 성인을 대상으로 하는 강의가 아니므로 최대한 쉬운 사례를 들어 편안하게 해야지 하는 마음도 가질 것이다. 막상 당일이 되어 아이들이 집중하지 않고, 딸은 이런 자리에 왜 왔냐는 식으로 째려보다가 고개 푹 숙이고 있는 상황이라면 어떻게 할 것인가? 아이들에게 A4 용지 한 장을 나눠주고 '장래 무엇이 될 것인가? 왜 그렇게 생각하는가?'를 적게 하면 그들은 어떻게 적을 것인가? 장담하건데 무엇이 되고 싶다는 건 적을 수 있지만 왜 되고 싶은지는 그리 많이 적지 못할 것이다.

김 팀장은 자신이 머무는 조직의 후배와 직원들에게 3분 안에 자신의 꿈과 실천방안을 이야기할 수 있도록 외우라고 한다. 김 팀장은 미래 HR전문가로 3천 명 앞에서 강의하고, 10권의 책을 쓰며 컨설팅과 코칭을 하는 사람으로 우뚝 서는 것이 꿈이라고 한다. 이를 위해 HR에 관련된 영역별 자료를 모으고, HR에 종사하는 사람들과의 교류를 폭넓게 가지고 있다고 한다.

처음에는 어느 부서라도 직원들이 김 팀장의 요청을 한 귀로 듣고 흘려버린다. 김 팀장은 이 일이 얼마나 중요한지 잘 알고 있기에 직원들 한 명 한 명을 불러 꿈과 실천방안을 이야기한다. 대충 이야기하고 돌아간 직원들을 1달 후에 다시 불러 꿈과 실천방안 및 그 내용을 묻는다. 직원들은 짜증이 가득한 표정으로 또 대충 이야기 한다. 김 팀장은 꿈의 중요성과 실천을 했을 때 얻는 기쁨은 물론 인생은 오늘 즐기는 것도 중요하지만 내일의 보다 나은 삶을 위하여 철저한 준비와 실행도 매우 중요함을 강조한다. 그리고 꿈과 실천방안을 3분 안에 그 누구에게, 그 어떤 상황에서도 자신 있게 이야기할 수 있도록 외우라고 한다. 우리가 구구단을 외우면 8×9를 쉽게 대답하지만 외우지 않으면 8을 9번 더해야 한다. 또한 18×19는 안 외웠기 때문에 금방 답이 나오지 않는다며 암기의 중요성을 강조한다.

요즘 김 팀장은 회사의 중장기 비전과 전략을 수립하고 있다. 남들은 이 일이 가장 힘든 일이라고 한다. 이들은 가장 먼저 타사의 중장기 전략 보고서를 참조하기 위하여 벤치마킹을 실시한다. 그러나 김 팀장은 내부 최고경영자와 중요 사업의 경영진을 인터뷰하고, 그 분야에서 1등인 회사를 찾아가 회사와의 차이를 파악하는 데 가장 중점을 두었다. 자신이 이루고 싶은 꿈은 현실 파악이 기초가 되어야 함을 누구보다 잘 알고 있기 때문이다. 10년 후, 20년 후의 비전은 지금 나의 모습에서 출발하여 하나하나 벅차지만 달성 가능한 것들로 이루어져야 함을 잘 알고 있다. 김 팀장은 중장기 비전과 전략을 10년 후로 정하고 금년부터 매년 해야 할 목표와 추진 내용을 사장의 관점에서 살펴본다. 마음속에서 새롭게 출발할 100년을 생각하면서.

결단의 순간을 즐겨라

예비 경영자 교육 대상자로 선발되었다. 김 팀장은 이 과정을 통해 임원의 역할이 무엇인가 배워야겠다는 다짐을 하고 인재개발원을 향했다. 대자연의 품에 싸여 있는 인재개발원은 마음의 고향이다. 15년이 지난 신입사원 때가 생각이 난다. 이 회사의 인재가 되겠다는 다짐을 했던 곳. 김 팀장은 과거를 회상하며 지정된 자리에 앉았다. 책상에는 두 장의 종이가 놓여 있었다. '임원이 하는 일은 무엇입니까?', '어떤 임원으로 기억되고 싶습니까?' 신입사원부터 지금까지 모셨던 임원 한 분 한 분을 떠올려 본다. 이분들은 무슨 일을 했을까를 떠올려 본다. 비전과 중장기전략을 중심으로 큰 그림을 그려주신 분, 솔선수범하며 항상 직원에게 자신이 가진 경험과 지식을 공유하신 분, 앞으로 세상이 이렇게 변하니까 이런 것을 준비해야 한다고 방향을 제시하신 분, 중요한 사안에 대해 빠른 의사결정을 해주신 분, 임원은 폭넓은 사람과의 관계를 통해 회사를 대표해야 한다며 대내외 네트워크를 강조하신 분. 각자 성향은 달랐지만, 임원은 회사의 지속 성장을 위하여 의사결정을 하는 사람이라고 적었다. 기억되고 싶은 임원은 그가 떠났을 때 그리워지고 뭔가 연락하고 싶은 사람이 되자고 적었다.

예비경영자 과정은 대부분 실습과 토론으로 진행되었고, 매 시간마다 전략 과제가 부여됐다. 대부분은 상황, 분석, 대안설정, 최적안 선택의 프로세스를 밟게 했다. 주어진 시간 안에 의사결정을 하고 해결해야 할 과제들이 많았다. 왜 이렇게 타이트하게 해야 하냐고 물으니, 임원이 되면 남들보다 최소한 10배 이상의 업무를 수행해야 하며, 결단의 순간이 많고 이를 순식간에 해야 하기 때문이라고 한다.

김 팀장이 지난 6개월간 추진했던 A프로젝트가 있었다. 이 프로젝트는 신규 사업으로 이어질 수 있는 아이디어성 프로젝트로 김 팀장과 4명의 팀원이 자신의 일을 하면서 수행해 온 도전과제였다. 대부분 업무 시간 외에 개별적으로 추진했다. 당초 4개월이면 끝날 것이라고 생각했는데 여러 상황이 변하면서 벌써 2개월이 더 지났지만 마무리되지 않고 있다. 게다가 김 팀장에게 새로운 대형 프로젝트가 부여되었다. 3개월 안에 마무리해야 한다는 지시와 함께. 김 팀장은 3개월 안에 이 프로젝트를 마칠 자신이 없었다. 팀원들이 이 프로젝트에 올인해도 마무리될지 장담할 수 없었다.

김 팀장은 팀원 4명과 함께 이 상황을 어떻게 할 것인가에 대해 토론했다. "아쉽지만 포기하자."는 의견과 "이왕 시작한 것 주말에 나와 끝내자." "팀장님과 이 부장이 새 프로젝트를 담당하고, 나머지 인력이 빨리 기존 프로젝트를 수행하자."는 의견으로 나뉘었다. 김 팀장은 6개월을 지속한 프로젝트를 마무리하지 못하고 끝내는 것이 아쉬웠다. 또한 이 프로젝트는 미래 회사에 큰 영향을 줄 수 있는 과제였다. 김 팀장은 이 프로젝트는 3명의 부원들이 담당하여 조기 마무리하고, 자신은 이 부장과 함께 새 프로젝트에 매달리는 것으로 결론을 내렸다. 김 팀장의 결단으로 2개의 프로젝트는 마무리되었고, 팀원 간에는 해냈다는 자부심과 팀의 결속을 가져가는 계기가 되었다.

개인과 회사의 비전을 연계하다

이 팀장에게 아주 곤란한 일이 발생했다. 어린 시절 신세를 진 은사님을 오래 전에 약속하여 저녁에 만나기로 했는데, 갑작스럽게 사장이 저녁 식사를 하자고 한다. 자주 있는 일이 아니고 사장이 직접 주관하는 저녁이었다. 은사님과의 약속시간을 얼마 남기지 않은 상황에서 소집된 것이기에 더욱 난처했다. 곤란한 표정을 지으며 본부장에게 사정 이야기를 하며 어떻게 했으면 좋겠냐고 하니, 본부장은 무엇이 중요한지 판단해 보라고 한다. 덧붙여 모든 팀장이 다 참석했는데 우리 본부만 한 명 참석하지 않았을 때 자신도 곤란해진다고 한다. 결국 이 팀장은 은사님에게 전화를 한다.

김 팀장은 회사와 직무에 대한 충성도가 매우 높다. 깨어있는 시간은 온통 회사와 일 생각뿐이다. 오죽하면 집에서 당신은 회사와 결혼했냐는 말을 들을 정도이다. 김 팀장은 외부 지인과의 약속은 가능한 금요일로 한다. 물론 회사와 관계가 있는 거래처와의 약속은 그들의 편의를 최대한 배려하지만, 개인적 약속은 대부분 금요일이다. 금요일은 대부분 상사들이 직원들과 저녁약속을 정하는 경우가 없다. 어느 날, 이 팀장과 비슷한 상황이 발생했다. 김 팀장은 즉시 비서실에 죄송하다는 메일을 보내고 본부장에게 죄송하다며 양해를 구한 후 은사님을 뵈었다. 김 팀장에게 신뢰는 회사의 핵심가치이기도 했지만, 자신의 가치이기도 했다.

비전이 없는 회사는 없다. 많은 회사들이 액자, 수첩, 잘 보이는 곳에 비전을 적어 놓고 달성하도록 격려한다. 비전은 직원들의 가슴을 뛰게 한다. 2천억의 매출 수준인 A회사의 비전은 '2년 후 3천억'이다. 만년 2위인 B회사의 비전은 '2020년까지 1위 기업을 2위로 만들자'이다.

'종업원이 행복한 회사', 'Global No1', '기술과 제품으로 사회에 공헌하는 회사', '종합 건강식품 회사' 등 다양한 비전이 있다. 중요한 것은 이러한 비전이 임직원의 마음속에 깊게 자리 잡혀 그들이 일하는 현장에서 실천되고 있느냐이다. 많은 기업들이 회사의 비전과 개인의 비전이 따로국밥처럼 따로 논다. 회사 비전은 회사 비전이고 자신의 비전은 완전히 다르다. 이래서는 회사가 잘될 수가 없다.

하루는 사장이 김 팀장을 불러 김 팀장의 비전이 무엇이냐고 물었다. 김 팀장은 한 치의 망설임도 없이 "저의 비전은 회사가 2020년까지 세계 1위의 종합 건강식품 회사가 되기 위해 세계 최고의

HR전문가로 우뚝 서는 일입니다." 회사가 세계 최고인데, 제가 세계 최고가 되지 않는다면 제가 어떻게 이곳에서 근무할 수 있겠느냐며 사장에게 자신 있다고 한다.

회사의 비전과 개인의 비전이 다를 수 있다. 회사는 매출이나 이익을 비전으로 정할 수 있고, 개인은 100억 부자가 되는 것을 비전으로 할 수 있다. 회사는 개인이 지속적으로 성장하기 위해서 각자의 비전이 각자에게 기여하고 상승효과를 가져다주도록 연계하는 것이다. 회사의 비전에 자신의 비전을 일치시키는 사람이 보다 현명하다. 회사에서는 회사 인간이 되고, 퇴근하면 나는 완전히 다른 존재로서 나만의 시간과 일을 즐긴다는 사람이 있다. 본인은 완전히 구분하여 생활할 수 있다고 하지만 그럴 수 없는 것이 삶이다. 비전이 연계되어 있다면 갈등이나 고민이 현저하게 줄어든다. 성취했을 때의 자부심이 남다르며, 아무 것도 아닐지 몰라도 남들에게 이야기할 때도 더 떳떳하며 힘이 솟는다.

직원들을 꿈꾸게 만들다

김 팀장의 팀은 항상 생기가 넘친다. 아침에 출근하는 표정을 보면, 마치 회사 출근시간만 기다리다가 뛰어나온 사람들 같다. 아침 인사가 다르다. 먼저 출근한 선후배와 하이파이브를 하며 가장 먼저 전체가 볼 수 있는 화이트보드 앞에서 펜을 잡는다. 화이트보드에는 팀의 비전, 그라운드 룰 그리고 팀의 연 목표와 월 목표, 금주에 해야 할 과제와 당일 개인이 해야 할 일을 적게 되어 있다.

김 팀장은 가장 먼저 출근하여 자신이 금일 해야 할 6가지 일을 적어 놓는다. 대부분 의사결정 사항이며, 김 팀장의 경우에는 매주 저녁약속 여부와 당일 만날 사람을 적어 놓는다. 뒤 이어 출근하는 사람들은 약속이나 한 듯 화이트보드에 자신이 해야 할 일을 통상 5개 수준으로 적어 놓고 자리로 향한다. 매일 9시에는 팀 회의이다. 팀 회의는 10분을 넘지 않으며 각자가 적은 것 중에서 타 팀원의 도움을 받아야 할 사항, 적힌 내용 중 자신이 아이디어나 자료 또는 도움을 줄 사항이 있으면 그것을 공유하며 마무리한다. 김 팀장은 적힌 사항을 보면서 개별적으로 주 단위 실적을 고려하여 독려할 부분이 있다면 요청하고 아이디어 제공과 타 부서, 외부 지인과의 연계 등을 지원하는 역할을 담당한다.

김 팀장은 대부분의 시간 동안 팀의 차석인 이 부장과 함께 월 과제의 리뷰, 연간 목표를 달성하기 위한 방안, 중요 이해 관계자와의 사전 협조, 중장기 전략과 구성원의 역량 육성에 대해 이야기를 나누며 실행한다. 또한 김 팀장은 매월 개별 면담을 실시한다. 팀원들은 역량계발계획서를 가지고 와서 매달 자신의 목표를 되새기며, 그달 자신이 역량 강화를 위해 만난 사람과 습득한 지식을 구체적으로 말하고 다음 달 할 것에 대해 이야기한다. 마지막으로 팀장이 도와주기를 희망하는 사항에 대해 대화를 나눈다. 김 팀장의 개별 면담은 4가지 원칙이 있다. 첫째, 개인역량계발계획서를 가지고 이야기한다. 둘째, 이번 달 실천 내용, 다음 달 추진 계획, 팀장에게의 부탁사항에 대해 팀원이 이야기한다. 셋째, 절대 30분을 넘기지 않는다. 넷째, 그 달과 다음 달의 개인역량계발 이외의 이야기는 하지 않는다.

김 팀장이 처음 면담을 하자고 할 때, 대부분의 팀원들은 부담을 느끼고 자신의 이야기를 5분 이상 한 사람이 없었다. 그러나 매달 지속적으로 실시하고 한 번도 거르는 사람이 없이 추진되다 보니 팀장의 진정성이 느껴지고 자신이 하는 것에 대한 부담도 덜 느껴져 나중에는 30분을 혼자 이야기하는 경우도 생겼다. 김 팀장은 팀원 개개인에게 목표의 중요성과 월별 추진 내용에 대한 코칭은 물론 차월 계획에 대해 세심한 지도를 해주었다. 처음에게 팀장에게 요청하는 팀원이 한 명도 없었지만, 3~4개월이 지나자 외부 위탁 교육을 보내 달라, 장기 연수에 신청하고 싶다, 영어 회화가 부족한데 아침에 학원에서 영어회화 공부를 하고 몇 시까지 출근하겠다는 등의 개별 요구를 하는 팀원이 있었고, 김 팀장은 가능한 범위에서 우선적으로 다 들어 주었다.

그렇게 김 팀장이 부임하여 2년이 지난 후, 팀원들 중에서 노무사에 합격한 이 과장, 야간대학원을 마치고 자랑스럽게 석사학위를 받은 최 대리, 영어공부를 하더니 SHR시험에 당당하게 합격한 조 과장, 영어회화학원에 다니면서 동시통역사에 도전하는 김 주임 등 한 명 한 명 제 분야에서 돋보이는 자격을 구비하는 사람들이 생겨났다. 노무사에 합격한 이 과장의 꿈은 노무 현장 근무를 통해 경험을 쌓고 여러 기업의 노사갈등사례 연구를 통해 우리나라 기업 노무사로 우뚝 서는 일이다. 이 과장은 김 팀장에게 다음 해에 노무팀으로 발령 내어 달라고 요청한 상태이다. 가장 뛰어난 팀원이지만, 김 팀장은 이 과장의 미래를 읽고 기꺼이 이동하도록 도와주겠다고 약속했다. 최 대리는 대학 강단에서 강의하는 것이 꿈이다. 2년 후 과장이 된 후 박사과정에 도전하겠다며 공부의 끈을 놓지 않는다. 이 팀의 회사 제안 건수는 항상 1등이다.

적극적으로 경쟁하다

초등학생 시절에 운동회 종목에 반드시 100m 달리기가 있다. 어린 시절 김 팀장은 달리기에 자신 있다고 생각했으나, 운동회 날 부모님이 다 오신 상태에서 2등을 했다. 특별히 실수한 것이 없었고 친구가 더 잘 달렸을 뿐이다. 그러나 이 일이 지금의 김 팀장을 있게 하는 계기가 되었다고 한다. 김 팀장은 더 잘 달리기 위해 담임선생님에게 조언을 구했고, 체육을 전공한 분의 지도를 받으며 달리는 자세와 호흡법 및 거리에 따른 주행 방법 등을 배워 항상 1등을 했다고 한다.

가정형편으로 시골에서 고등학교를 졸업한 김 팀장이 서울에 있는 대학교에 4년 장학생으로 갈 수 있었던 것도 고등학교 담임선생님의 조언과 나는 할 수 있다는 열정 그리고 A대학교 4년 장학생이라는 목표였다고 한다. 목표가 생기니 자신감이 생기며 밤을 지새워 공부해도 피곤하지 않았다고 한다. 학원을 갈 수 없는 형편이었기에 교과서당 두 권의 자습서를 놓고 전체를 외우다시피 공부한 결과 당시 지방에서 최고의 성적을 낼 수 있었다. 자신과의 경쟁에서 어린 시절 김 팀장이 배운 경험은 목표를 세우는 것, 구체적이고 지속적인 계획을 세우는 것, 악착같이 실행하는 것 그리고 앞선 사람 또는 뛰어난 사람의 조언을 받는 것이었다.

직장생활을 하면서 김 팀장을 자극한 사람은 선배와 동료였다. 김 팀장이 신입사원일 때였다. 과장이 1년 선배인 홍길동 씨와 함께 부르더니, 요즘 직원의 애사심이 낮은 것 같으니 고취방안을 마련해 다음 주 월요일까지 보고하라고 했다. 앞이 막막하고 무엇부터 해야 할지 몰라 당황해했는데, 1년 선배는 A4용지 한 장을 꺼내더니 큰 틀을 잡기 시작했다. 애사심의 정의와 요건, 직원의 현 상태(설문과 인터뷰), 조직장들의 의견, 이슈 도출, 애사심 고취 방안의 큰 틀을 정한 후 세부적으로 해야 할 일들을 신속하게 정했다. 이후 서로 역할 분담을 하고 주어진 기일 안에 일을 마무리하는 것을 보며 일은 이렇게 하는 것이구나 느꼈다고 한다. 대리와 과장으로 승진하는 선배들의 성공사례를 듣고 꼼꼼히 적고 분석하면서 따라했다. 동료 가운데 저녁에 영어학원을 다니거나 야간 대학에서 MBA 석사 자격을 취득하는 친구들을 유심히 살피고, 이들에게 노하우를 듣고 결단을 내려 아침에 영어학원, 저녁에 야간대학원을 다니며 2년 반 만에 영어회화를 자유롭게 구사하고 석사학위를 취득했다.

김 팀장은 지금 글로벌 HR 총괄업무를 담당하고 있다. 전 세계

HR 담당자와 만나 1주일에 한 번은 업무 보고를 받으며 이슈 중심으로 이메일을 주고받는다. 한 분기에 한 번은 해외지사에 나가 사업전략에 부합하는 조직, 사람, 문화 관리에 대해 심층적인 점검과 의사 결정을 한다.

김 팀장은 팀원들에게 선의의 경쟁을 강조한다. 회사가 매년 위기라고 하며 더 많은 성과를 추구하고 더 많은 업무가 부여되지만, 자신의 역량 수준이 높아지면 위기는 기회가 되고 수많은 업무 이상의 고부가가치 업무에 집중하게 된다고 강조한다. 또한, 안정되면 머물고 싶고, 머물면 고이게 되며, 고이면 썩게 된다며 팀원들에게 부단히 자기계발을 강조한다. 성장하기 위해서는 자신의 역량을 더 강하게 키워야 한다고 하면서 혼자 하지 말고 팀원 전체가 한 명의 경쟁자가 되어 서로 선의의 경쟁을 통해 자극을 받고 더 높게 성취하라고 조언한다. 현재 김 팀장은 사장의 특별 배려로 박사과정 공부를 하면서 지도교수와 함께 향후 100년을 이끌어 갈 기업문화 창달이라는 주제로 회사의 메가 프로젝트를 추진하고 있다.

사장이 붙잡는 김 팀장

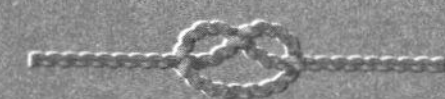

1등이 되게 하다
생존 전략을 갖고 있는가?
사업의 본질을 꿰다
내 직무에 3가지 이상의 차별화된 경쟁력이 있는가?
핵심성공요소를 파악하다
자원을 최적화하고 있는가?
잠재된 문제를 파악하다
위험을 분산하다
불확실성하에서의 의사결정을 하다
강점을 강화하다

PART 2

전략적 사고

1등이 되게 하다

아무도 2등을 기억하지 않는다. 1등만 기억할 뿐이다. 1969년 7월 20일, 닐 암스트롱은 인류 최초로 달에 인간의 발자국을 남겼다. 그리고 잠시 후 에드윈 볼드린 2세가 달에 두 번째로 인간의 발자국을 남겼다. 그러나 에드윈 볼드린 2세의 이름을 기억하는 사람은 거의 없다. 단지 인류 최초로 달에 발을 내디딘 암스트롱만이 기억되고 있을 뿐이다. 1등이 주는 혜택은 그만큼 사람들의 뇌리에 오래 간직되며, 기록되어진다는 점이다. 1등이라는 점 그 자체가 회사의 브랜드 가치를 더욱 더 높여 주는 것이다.

김 팀장의 팀 모토는 '1등이 되자'이다. 직장인이라면 누구나 1등의 추억이 있을 것이다. 학창시절 공부에서 1등을 했거나 운동회 100m 달리기나 구슬치기 등 1등을 하고자 하는 관심과 염원이 결국 1등을 만들었던 경험이 있을 것이다. 달성 후 느끼는 성취감은 그동안의 벅찬 계획과 지속적인 노력, 수많은 어려움을 보상하고도 남는 기쁨이다.

김 팀장은 팀원들에게 안주하지 말고 부단히 성장하도록 자극을 주고 싶었다. 어린 시절 1등을 했을 때의 성취감을 중장년, 나아가 노년까지 이어가게 하고 싶었다. 자신이 담당하는 직무에서 1등이 되어 전 세계의 같은 직무를 하는 사람들에게 존경을 받고 롤 모델이 되고 싶었다. 김 팀장은 직원 한 명 한 명이 1등이면 회사도 1등이 될 수밖에 없다는 생각을 가지고 있다.

김 팀장은 매년 각자 자신이 되고자 하는 장기목표하에 당해년도 목표, 내용과 달성 수준, 추진 방법과 완료일을 적은 개인역량육성 계획서를 연말까지 제출하게 한다. 연말이 되면 팀원 한 명씩 면담을 하면서 목표와 내용 및 달성 수준을 점검해 준다. 각자의 현재 직무가 아닌 한 직급의 업무를 수행할 수 있는 역량 목표를 제시해 주며, 항상 10년 앞을 내다보고 준비하라고 당부한다. 팀원들에게 매달 가장 앞선 회사를 벤치마킹하라고 하며 지원해준다.

입사 5년차인 홍 대리는 국내 기업 가운데에는 원하는 기업이 없어 GE 연수원에 가서 조직장 육성 목표와 체계 그리고 운영방법을 배워 오겠다고 한다. 김 팀장은 "우리와 무관한 회사이며, 차원이 너무 다른 세계적 기업인 GE와 우리를 비교하는 것은 불합리하다."는 사장에게 "먼저 국내 대기업 연수원 5곳을 방문하여 우리가 본받을 점을 찾고, 이후 GE를 방문하여 교훈을 얻겠다."고 사장을 설득하고 홍 대리의 플랜을 승인했다. 홍 대리는 그 어렵다는 GE의 조직장 육성과정 일부를 청강하고 1주일 동안 시설뿐만 아니라 과정을 만든 취지 및 기획과 운영에 관한 전체를 듣고 왔다. 지금 홍대리는 회사 리더십 파이프라인을 구축했을 뿐 아니라, 핵심과장과정, 핵심부장과정, 핵심임원과정을 기획하고 일부 모듈은 자신이 직접 강의하는 사내 명강사로 명성을 떨치고 있다.

한 분야에서 1등이 된다는 것은 생각만 가지고 되는 일이 아니다. 높은 수준의 목표를 정하고, 될 때까지 악착같은 노력이 필요하다. 김 팀장은 팀원들에게 40대 후반과 50대 초반에는 자신이 담당하는 직무에서 우리나라 100인의 조직장 중 한 명이 되어야 한다고 매일 강조한다. 김 팀장 자신도 국내, 해외 코치 자격을 보유하고 있으며, 매년 HR 관련 전문 서적을 집필하고, HR 관련 잡지에 매년 기고를 하며 인사 관련 협회나 단체에 명강사로 소문이 자자하다.

생존 전략을 갖고 있는가?

김 팀장은 생동감을 잃은 팀원들을 바라본다. 지난달에 대형 프로젝트를 성공리에 마친 것은 물론 아직 11월 중순이지만 내년도 사업보고까지 CEO에게 칭찬을 받고 끝낸 탓인지 아직 연말까지 1.5개월이 남았음에도 팀원들은 일을 모두 마친 모습이다. 김 팀장은 이들에게 이런 모습으로는 생존할 수 없다는 점을 각인시키기 위해 두 개의 사례를 찾았다.

하나는 집념의 사례이다. 멕시코 중서부 시에라 협곡에 사는 타라후마라 부족의 사냥법이다. 그들은 원래 점찍어 놓은 사냥감을 끝까지 쫓아가 결국 지쳐 쓰러진 사냥감을 사냥한다. 그들의 생존을 위한 전략은 집념이다.

다른 하나는 포르쉐의 생존 전략이다. 연간 생산대수가 100만

대 이하인 포르쉐는 600만 대 이상을 생산하는 폭스바겐의 지분을 31% 소유하며 대주주가 되었다. 처음부터 포르쉐가 강한 기업은 아니었다. 1993년 판매 부진, 환율, 신제품 지연으로 부도 위기가 있었다. 포르쉐는 먼저 효율성을 추구했다. 900개의 부품회사를 300개로 정리하고, 직급체계를 6개에서 4개로 줄임으로써 의사결정을 신속히 하였다. 이어, 작업공정의 아웃소싱과 내구성 및 품질 강화를 통해 생존전략을 가져갈 수 있게 되었다. CEO인 벤델링 비데킹 회장은 항상 긍정을 지향하는 모습을 그리라고 강조한다. 생존전략을 갖고 있는 기업은 더 높은 경쟁력을 갖고 있음을 팀원들에게 주지시키며 긴장을 늦추지 말라고 당부한다.

조직 생존전략의 원천은 무엇인가? 2001년 짐 콜린스의 『Good to Great』를 보면 위대한 기업은 영속적으로 존재한다고 보며 6가지 위대한 기업의 조건을 다음과 같이 제시했다.

① 겸양과 의지를 지닌 조직장
② 동기와 역량이 있는 우수인재 확보
③ 어려움을 극복할 수 있는 능력
④ 가장 잘하는 일에 몰입
⑤ 원칙이 있는 조직문화
⑥ 기술 가속화

1982년 톰 피터스와 로버트 워터만은 『초우량 기업의 조건』이란 저서에서 영속하는 기업의 7가지 특성을 'Strategy, Structure, Style, Systems, Staff, Skills, Shared Values'로 보고 이의 절묘한 조화를 강조했다. 제품개발력, 생산력, 마케팅능력, 관리력이 생존전략의 원천이 될 수도 있다.

생존전략은 조직이 영원하도록 노력하는 모습이며 이는 분명한 목표, 악착같은 실행을 내포한다. 그리고 이를 이끄는 원동력은 조직장이라고 김 팀장은 생각한다. 어떻게 보면 조직장의 생각이 기업 생사의 근원이다. 우리 회사는 영원히 갈 것이라고 믿는 조직장과 우리 회사는 죽을 수 있다고 믿는 조직장이 있다면, 어느 회사가 더 영원히 가겠는가? 100년이 넘는 회사들이 많지만, 영원히 갈 수는 없을 것이다. 그러나 영원히 가려는 노력은 지속될 수 있다.

김 팀장은 팀원들에게 팀장, 아니 CEO의 생각을 가져야 한다고 강조한다. 수도사업, 폐기물 처리사업에서 세계적 기업인 CGE는 90년 중반 인터넷과 미디어 산업 붐에 편승하여, 무차별 인수합병을 통해 기존 사업을 분사화하고 미디어 통신사업회사로 탈바꿈한다. 그러나 2002년 IT붕괴로 주가가 90% 폭락하며, 회사의 생존이 흔들리게 된다. 신규분야에 대한 역량부족, 기존 사업과 신사업과의 시너지 부족, 환경을 읽지 못한 조직장의 의사결정 미숙으로 마련한 생존전략이 죽음에 이르는 전략이 되고 만다. 생존전략의 실행에 있어 가장 중요한 것은 당연히 CEO의 선견력과 의사결정력과 추진력이며, 회사가 보유하고 있는 자원의 강점을 최대한 활용하는 생존전략만이 1등을 이끌어 갈 수 있다고 강조한다.

사업의 본질을 꿰다

김 팀장은 요즘 고민이 많다. 저성장 시대의 여파인가? 매출과 이익이 갈수록 하향 추세이다. 회사가 제대로 안 되는 이유는 무엇일까? 김 팀장은 회사가 왜 존재하며, 사업의 특성이 무엇인가 제대로 알고 개념에 맞게 일을 하지 못하는 데 있다고 판단했다. 사업의 본질을 꿰뚫어 본다는 것은 시대에 따라 달라지는 사업의 개념을 정확히 파악하여 기회를 선점하는 것으로, 사업의 본질과 핵심성공요인을 찾아 핵심역량을 최대한 집중하며, 차별화된 전략과 차별화된 방안을 모색하여 이끌어 가야 하는데 이를 꿰뚫어보지 못하면 회사가 안 되는 것이다. 사실, 사업의 개념이 다르면 경영전략, 경영관리, 구매, 인사, 마케팅 모든 분야의 전략과 방안들이 달라져야 하며 사업 환경이 바뀌면 사업의 개념도 바뀌어야 하는데 이를 신속하게 준비하고 대처하지 못한 것을 바로잡아야 하겠다고 생각했다. 조직장이 사업의 본질을 본다는 것은 사업의 기본적 속성을 꿰뚫고 있는 것이다.

김 팀장이 가장 먼저 한 일은 사업을 하는 기본적 철학, 그리고 사업의 존재의의가 무엇인가를 밝히는 일이었다. 마쓰시다 전기의 창업주 마쓰시다 고노스케는 사원들에게 "인사부서는 무엇을 하는 곳이냐?"라고 물었던 적이 있다. 대부분은 "사람을 선발하여 평가하고 보상하며 육성시키는 곳"이라고 대답했다. 하지만 그는 "인사부서는 인재를 생산하는 곳"이라고 설명했다.

모터사이클은 과거 운송수단이었지만, 자동차의 등장으로 운송수단으로서의 가치는 급속하게 쇠퇴하였다. 그러나 혼다는 미국시장의 변화를 읽었다. 운송수단이 아닌 레크리에이션 수단으로 모터사이클을 바라보았다. 이러한 사업의 본질을 꿰뚫는 순간 혼다는 세계 시장을 석권하게 되었다.

사업을 올바르게 이해하는 것 자체가 시장의 경쟁력과 성패를 좌우하게 된다. 삼성에스원을 경비업으로 보느냐? 사회 안전업으로 보느냐? 사회 시스템업으로 보느냐? 관점에 따라 존재감이 달라지며, 비전과 전략의 차이를 가져다준다. 김 팀장은 팀원들과 함께 자신이 하는 일의 정의를 내렸다.

둘째, 사업의 본질과 특성을 정립했다. 사업의 본질은 변하지 않는 사업의 기본이다. 신용카드업은 술장사와 같은 외상장사로 채권관리가 중요하다. 사업의 특성은 환경에 따라 달라지는 사업의 속성으로 시계산업은 정밀기계업에서 양산조립업으로, 그리고 패션업, 장식업으로 시대의 변천에 따라 변화된다고 그는 판단했다.

김 팀장은 팀원들과 함께 사업의 본질을 규명하기 시작했다. 비전 – 사업의 본질 – 중장기 전략의 틀로 연계하여 다방면에 걸쳐 사업의 기원은 무엇인가? 사업을 영위하는 기본 철학은 무엇인가? 사업의 영역은? 우리의 기술 수준과 핵심기술, 우리의 고객과 시장은 누구며 어느 수준에 있는가? 정부의 규제와 법규 및 경쟁사는 어떤 전략으로 어느 수준에 있는가? 사업을 유지하는 핵심자원은 무엇이며, 경쟁사에 비해 경쟁력의 수준은? 어느 과정을 거쳐 부가가치가 나오며, 핵심프로세스는 무엇인가? 어떤 제품과 서비스를 팔고 경쟁력은 무엇이냐? 등을 파악하여 사업의 본질을 규명하고 중점 관리 포인트를 결정하고, 전략을 수립했다.

김 팀장은 삼성의 이건희 회장을 통해 큰 시사점을 받았다. 이 회장은 자동차 산업의 본질을 인간의 생명과 관련된 안전 산업, 대규모 투자를 요하는 장치산업, 2만여 개 부품의 양산 조립업, 내구성 소비재로 품질과 A/S가 중요한 산업, 기술집약적 전자 산업, 막대한 개발비와 장기간의 개발 기간을 요하는 사업으로 보았다. 대단한 통찰력이다.

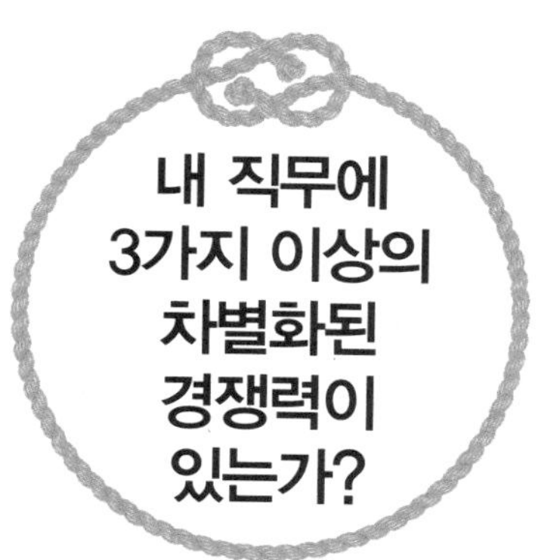

내 직무에 3가지 이상의 차별화된 경쟁력이 있는가?

입사 20년. 강산이 두 번이나 바뀌는 시간을 직장생활 하면서 보냈건만, 내가 무엇을 잘하는지 자신감이 떨어진다는 이 부장의 고백을 들으며 김 팀장은 고민에 빠진다. 사실 대부분의 직장인들은 현실에 매몰되어 미래를 볼 시간적, 마음적 여유가 없다. 각종 떨어지는 지시, 처리해야 할 과제, 잠시도 가만히 있지 않는 전화기, PC의 메신저는 아까부터 깜박거리고, 조직장은 왜 이리 늦냐고 소리소리 지른다. 정신없이 책상에 고개를 묻고 내일까지 보고해야 할 기안 작업을 하고 있는데 점심 먹으러 가자고 한다. 벌써 12시야? 이런 상황에서 자기계발은 한가한 사람들의 배부른 소리이다. 파김치가 되어 밤늦게 집에 들어가면 아내의 눈총이 심하다. 다른 집 남편은 8시도 안 되어 다 귀가하는데 당신은 왜 항상 11시냐며 소리를 높인다. 공부하고 있는 아이들에게 열심히 하라는 말 한마디 하고 잠에 빠지고 싶지만, 아내는 이러고는 못 산다고 한다. 이런저런 이야기 나누며 달래다가 12시 반에 침대로 향한다. 새벽 5시 반. 일어나 혹시 아내가 깰까 조심조심 출근준비를 한다.

김 팀장은 이 부장에게 일의 성과를 내는 데 있어, 가장 잘할 수 있는 이 부장만의 경쟁력 3가지를 적어 오라고 요청했다. 이 부장의 한숨 소리가 멀리 들리는 듯하다. 이 부장은 팀원들이 다 퇴근한 후에 김 팀장을 찾아 소주 한잔 하자고 한다. 김 팀장은 이 부장이 무슨 이야기 할 것인지 다 알고 있다. 남과 차별화된 경쟁력이 없다. 20년 같은 회사에서 근무했지만, 영업으로 들어와 마케팅, 구매, IT, 제조기획업무까지 하다가 HR부서로 왔으니, 두루두루 많은 직무는 알지만 이것이 나의 전공이라고 내세울 것은 없다. 내부 사람들은 거의 다 알지만, 외부 네트워크를 할 시간이 없어 고등학교, 대학교 동창들도 연락이 끊긴 지 오래됐다. 회사 일이 바쁘고 피곤하다는 이유로 취미활동 한 것도 없다. 영어 점수는 입사할 때 토익시험 본 것이 마지막이다. 신입사원 시절에는 그래도 영어회화 한다고 사내 교육과정을 이수했지만, 대리 이후론 영어공부를 해본 적이 없다. 남들 보다 경쟁력 있는 것이 있을 수 없다. 김 팀장은 이 부장에게 최근 회사가 어려워지고 있음을 알고 있지 않느냐 하며, 자신의 경쟁력이 없으면 어떻게 되겠느냐 반문하며 3가지를 부탁한다.

첫째, 조직장이 되기 위해서 3개년 고과 상위 30% 이내, 어학 하나는 자신 있게 하는 것과 담당 직무의 전문성 강화 그리고 조직과 사람을 이끌어 갈 수 있겠다는 판단이 설 만큼의 리더십과 물질적, 정신적으로 높은 수준의 품격과 도전 과제 해결 역량을 2년 안에 갖추라고 했다.

둘째, HR 직무와 관련하여 2년 안에 외부 HR전문가 100명을 사귀고, 채용부터 전략까지 각 HR영역별 트렌드, 주요 이슈, 선진사의 사례, 체크리스트와 강의안을 영역별 10개 정도는 갖고 있도록 하라고 했다.

셋째, 내·외부 자기 홍보로 금년부터 대리 이하의 HR사원 5명을 정해 멘토링을 실시하고, BP사례를 만들어 각 HR잡지에 기고하고, HR책자를 출판하고 매년 10회 이상 HR 주제의 강의를 하면서 업계 가치를 높이라는 주문을 했다.

2년이 지난 후, 이 부장은 지금보다 더 성장해 있을 것이라 김 팀장은 확신했다. 의기소침해져 가는 이 부장이 아닌 조직과 구성원의 성과에 기여하는 올해의 최고 HRDer로 우뚝 설 것이라고 격려했다. 김 팀장은 이 부장의 어깨를 쳐주며, “이 부장, 이 부장은 할 수 있어. 우리 회사에서 이 부장보다 더 성실한 사람이 어디 있냐? 결국 성실을 바탕으로 노력하는 사람이 쟁취한다.”며 격려한다.

핵심성공요소를 파악하다

김 팀장에게 CEO의 특명이 하달되었다. 지난 7월에 합병한 A자회사의 인사제도와 기업문화를 올해 안에 우리 수준으로 끌어올리라는 지시였다. 김 팀장은 이 부장에게 연말까지 팀을 부탁하고, 김 과장과 이 대리를 데리고 A자회사 현황 파악을 실시하였다. 출발에 앞서 필요한 자료 리스트와 인터뷰에 필요한 계획을 준비해 달라고 요청하였다. A회사에 도착한 김 팀장은 이번 과업이 쉽지 않음을 직감할 수 있었다.

회사 담당자가 도무지 무엇을 추구하려고 하는지, 왜 해야 하는지, 어떤 내용과 방법으로 해야 하는가에 대한 개념이 하나도 없었고, 부탁하는 사항을 이해하지 못하였다. 여러 번 구체적 이유와 내용 및 방법에 대해 설명을 했건만, 그 순간은 알았다고 하고, 하루가 지나도 움직임이 없다. 지금 뭐 하냐고 물으면 그냥 하고 있다고

만 한다. 우선순위를 정해 이것부터 해달라고 하고, 과정도 차분하게 순서를 갖고 설명했다. 그러나 그는 이해하지 못하는 듯하다. A회사의 경영관리담당임원을 찾아가 TF멤버를 조심스럽게 요청했으나 지금은 여력이 없다는 이야기만 반복한다.

김 팀장과 이 대리는 프로젝트를 하기 위한 마스터플랜을 작성했다. 김 팀장은 이곳 조직장의 조직관리능력이 현저히 떨어지고 있음을 직관했다. 조직장들과의 대화에서 조직장의 조직관리 능력이 떨어지고 무엇을 해야 할지에 대해 아는 바가 없음을 알게 되었다. 김 팀장은 먼저 A회사의 조직장에게 조직관리가 무엇인가부터 교육시켜야겠다고 결심했다.

김 팀장은 조직관리 능력이 무엇인가에 대해 정의를 명확히 하였고, 이 정의에 따라 이 능력을 실천할 수 있는 행동특성을 구체화하였다. 이를 중심으로 어떻게 강화할 것인가 그 수단을 찾았다. 수단으로는 교육, 코칭, 멘토링, 참고 서적 지급, 직무를 통한 습득 등 다양한 방법을 선택하였다.

조직관리능력의 정의는 '목표달성을 위한 조직관리, 업무 추진, 부하 통솔 및 육성하는 능력'으로 볼 수 있다. 이 중 가장 중요한 것은 행동특성이다. 조직관리능력의 행동특성은 다음과 같이 규정했다.

① 구성원의 장, 단점을 파악하여 업무를 조정하고, 조직을 결속시켜 계획된 시기에 목표달성을 한다.

② 상사의 지시나 구성원에게 하달한 업무 등을 효율적으로 점검, 조정, 평가한다.

③ 구성원들의 의견을 충분히 수렴하여 의사소통을 활성화시키고, 화합을 잘 이룬다.

④ 구성원에 대한 인사, 팀 운영, 능력개발은 공정하게 처리한다.

김 팀장은 A회사 임직원에게 '왜 핵심성공요인이 중요한가?'에 대해 특별히 강조했다. 미래 경쟁력의 핵심요인은 무엇인가에 대해 삼성경제연구소는 기업실적의 질적 측면과 사업구조를 통한 기업의 역동성, 기술적 역량, 변화혁신역량, 글로벌 역량, 기업이미지로 보고 있고, 이 중 기업 이미지의 핵심 성공요인을 재무 건전성, 자산운영, 혁신성, 글로벌 역량, 사회적 책임, 제품·서비스 수준, 직원의 역량, 경영의 질, 장기적 투자가치로 살피고 있다고 설명했다. 핵심성공요인을 잘 설정하면, 당연히 방향이 결정되며, 이에 집중하면 성과는 높아진다고 강조했다.

김 팀장은 조직장이 핵심성공요인을 정확하게 파악하여 이끌어 간다면, 기업은 혼란에 빠지는 경우가 적다고 보고, 통찰력과 핵심성공요인을 의도적으로 선정하여 공유하는 노력, 마지막으로 관리하고 개선해 나가는 노력을 강조했다.

자원을 최적화하고 있는가?

기업이 지속 성장하는 길은 크게 두 가지가 있다. 하나는 비전을 전략과 연계하여 실천해 나가는 것이다. 다른 하나는 구성원들의 인식 속에 인재상, 핵심가치 그리고 자원의 최적화 등 의식을 심어 업무 하나하나마다 효율을 추구해 가는 것이다. 세계 자동차 MS 1위, 이익 1위를 차지하고 있는 토요타 자동차의 가치는 지속적 개선이다. "마른 수건도 다시 짠다."는 그들의 개선활동은 자원을 최적화하는 일이 생활화되었다고 봐도 무방하다.

자원의 최적화가 되지 않으면 관리 손실이 발생한다. 관리 손실은 해야 할 일이 무엇인지 모르거나, 할 일을 하지 않음으로 조직에 유무형의 손실을 주는 것이다. 깨진 항아리의 물의 높이는 깨진 항아리의 최저점이다. 만약 물의 양을 높이기 위해서는 깨진 부분을 메워 올려야 한다. 자원도 마찬가지이다. 사람, 자금, 시설, 자재 등 어느 하나가 부족하면 일이 추진되지 않는다.

저성장이 지속되면서 회사에서 김 팀장에게 부여된 업무는 전사 자원 효율화 방안이다. 김 팀장은 어떻게 하면 자원을 최적화할 것인가를 고민하다가 혼자의 힘으로는 안 된다는 결론을 내고 전사 자원효율화 T/F를 구성하였다. 외부 자문위원으로 H대 산업공학 교수를 모시고, 각 사업부서 부장급 10명을 팀원으로 임명하고 Kick off 미팅을 실시하였다. 궁극적으로 추구하는 바는 자원 최적화 중장기 전략으로 그들은 우선 회사를 둘러싼 환경 분석과 전략 목표의 설정에서부터 시작하였다.

환경 분석은 외부환경의 분석(환경의 변화 방향, 시장 · 고객의 니즈, 기술과 자원의 니즈), 경쟁 환경의 분석(선진 · 경쟁사 강약점), 내부 분석(최고경영자의 철학, 구성원 니즈, 조직가치)을 통해 현재와 바람직한 모습 사이의 Gap 분석을 통해 전략과제를 도출하였다.

전략과제는 사업, 제품, 시장, 전략상의 효과성과 인사, 조직, 업무 프로세스에서의 효율성을 원칙으로 도출하였다. 이러한 전략과제를 통해 최고의 성과를 창출하는 기업 프로세스를 중심으로 최적의 실행안을 검토하고 CEO에게 보고하였다. CEO는 자신이 생각한 기일보다 빠르게 좋은 안이 나왔다고 칭찬하며 실무부서가 이 안을 중심으로 강력하게 추진할 수 있도록 자신이 직접 사업본부장에게 전달하겠다고 했다. 김 팀장은 자원 최적화 방안을 모색하던 제반

과정을 매뉴얼로 남겨, 향후 유사한 업무가 추진될 때 참고할 수 있도록 하였다.

김 팀장은 보다 길고 멀리 바라보며 자원의 최적화를 고민한다. 먼저, 본사의 개념에 대한 효율화 방안이다. 과거 본사는 전략, 재무, 인사를 통합하여 총체적 시너지를 높이는 형태를 취해 왔다. 그러나 최근에는 본사의 기능을 환경과 시장 변화에 유연하게 대응하도록 변경해 가는 것이 보다 효과적임을 느끼고 있다. 글로벌 기업이 되기 위해서는 해외 해당국에 가서 인재 채용 및 평가 등의 제도 설계와 운영, 신제품의 개발과 마케팅이 이루어져야 한다고 생각한다. 문화와 제도의 기획과 실행이 다른 차원에서 이루어진다면, 결코 성과를 내지 못한다. 동일한 장소라면 같은 생각을 가지고 있는 사람들에 의해 현장에 맞도록 기획하고 실행되어야 한다고 생각했다.

김 팀장은 회사가 인도에 대규모 거점을 마련한다면, 글로벌 강화 차원에서 인재 조달 및 신제품 개발이 본사 중심에서 인도 지점 중심으로 옮겨져야 한다고 생각했다. 자원의 최적화는 유연성의 확보이다. 조직 전체를 단순히 쥐어짜는 것이 아닌 다양성을 키워 가며 의사결정 하는 유연성이 기반이 되어야 한다고 생각하고 개선안을 작성했다.

잠재된 문제를 파악하다

설악산 조난에 대한 문제가 있다. 20cm 이상 눈이 내린 1월 어느 날 당신이 5명의 친구들과 설악산 등산을 했다. 오후 4시경, 정상에서 내려오던 중 그들은 폭설에 파묻혔다. 눈 속에서 나와 시계를 보니 4시 40분이었고, 다리에 상처가 있었으나 걷는 데는 이상은 없었다. 주위를 보니 친구들은 안 보이고, 가져온 배낭 4개가 흩어져 있었다. 10개의 물품(식량, 성냥, 랜턴, 아이젠, 지도, 나침판, 텐트, 약품, 선글라스, 침낭) 중 당신에게 5개의 물품을 정하라면 무엇을 선택하겠는가? 조직장은 어떤 선택을 해야 하는가? 죽음에 대한 두려움과 추위 속에서 살기 위해서는 냉철해져야 한다. 문제가 주는 잠재된 교훈이 무엇일까? 여러 주변 상황 속에서 선택을 해야 한다. 살기 위해 위험을 최대한 줄이는 판단을 해야 한다.

김 팀장은 평상시에 위기를 생각해야 한다고 말한다. 올라감이 있었으면 반드시 내려감이 있고, 회사가 일정기간 동안 성장해 왔다면, 구성원들은 무의식중에 우리 회사는 계속 성장할 것이라고 믿는다. 현재의 수준에 만족하고 조그만 개선에 만족한다. 이러한 현상이 계속되면 어떤 상황이 예상될까? 당연히 이 회사는 점차 쇠퇴되어 가게 된다고 강조한다. 김 팀장은 상황이 좋을 때 위기를 생각해야 한다며, 이러한 자세만이 다가올 미래에 새로운 기회를 창출한다고 굳게 믿고 있다.

김 팀장은 항상 잠재된 문제를 고민하며, 차선, 삼선의 대책을 준비한다. 김 팀장은 전에 모신 사장을 기억하기 때문이다. 사장은 자수성가를 하여 공장의 벽돌 하나하나에도 그의 손길이 안 닿은 것이 없다. 모든 것을 너무나 잘 알기 때문에 직원들은 결재를 올릴 때마다 사사건건 수정을 하였다. 직원들도 힘들었고, 사장도 힘들었다. 갈수록 직원들은 "사장님이 다 고칠 텐데……" 하며 대충 올리게 되었고, 사장의 마음은 더욱 힘들어졌다. 하루는 사장이 모든 결재는 반드시 3가지 안을 만들고, 담당자는 어떤 안을 채택할 것인가 적으라고 했다. 직원들은 3개의 안을 만들기 위해 고민을 하게 되었다. 차선, 삼선의 대책이 있고, 보다 상황변화에 신속하게 대응할 수 있게 되었다. 다가올 위기를 파악하고 이용할 수 있는 지혜가 생겼다. 조직장은 구성원들이 고민하게 만들어야 한다는 교훈을 주었다고 한다.

김 팀장은 조직장이라면 최선을 위해 부단히 자문해야 한다고 생각한다. 가장 많이 생각하고 가장 고심한 사람이 최선의 행동을 하며, 진실로 최선을 다해 보려는 노력만이 일을 성공시킬 수 있다고 한다. 물론 순간적으로 아하~ 하며 뛰어난 아이디어로 일을 처리할 수 있다. 그러나 한 가지 일을 성취하기 위해선 깊게 생각해야 한다. 일의 성패를 판단하기 전에 여러 상황을 고려하여 최선을 다했는가를 생각한다.

위험을 분산하다

김 팀장이 경계하는 직원은 보고할 때 하나의 안만 가져와서 의사결정을 해달라는 직원이다. 그 안의 장단점을 이야기하고 다른 안을 물으면 그때부터는 대답이 없다. 답답해진다. 단 하나의 대책만을 갖고 회사를 이끄는 것만큼 위험한 일은 없다. 상황이 바뀌거나, 당초의 계획에 차질이 생기면 회사가 위험에 빠질 수 있기 때문이다. 만약 어떤 계획을 세우면서 2안 또는 3안까지를 고려하고, 위험요인에 대한 분석을 통해 시나리오를 설계해 놓았다면 어떨까? 주어지는 상황에 보다 유연하게 대처할 수도 있고, 잘못될 수 있는 상황에서도 리스크를 줄이고 보다 더 나은 성과를 창출할 수 있을 것이다.

김 팀장은 항상 최악의 상황을 염두하며 일을 추진한다. 그는 '조직장이 경영을 하는 데 있어서 최악을 고려하지 않으면, 회사는 위태해질 수 있다'는 생각을 갖고 있다. 요즘과 같이 불확실성이 높고 경제가 매우 어려운 시점에서는 조직장이라면 최악의 시나리오를 준비하고 있어야 한다. 조직장이 위기를 고민하여 분석하고 분류하여 유형별 대안을 갖고 있지 않으면 조직장으로서의 전문성에 큰 상처를 입게 된다. 조직장은 최악을 준비함으로써 많은 구성원들을 최대의 위기에서 꺼내는 역할을 하는 사람임을 알고 이를 실천한다.

김 팀장은 이 부장에게 물었다. "올인전략과 분산전략 중 조직장은 무엇을 택할 것인가?" 김 부장은 이 질문에 대해 3가지 관점을 가지라고 한다. 첫째는 철저한 준비이다. 사실 조직장이 가장 유혹을 받을 때는 바로 눈앞에 큰 이익이 있는데 투자할 그 무엇이 부족할 때이다. 아무리 경제가 어렵다 하더라도 이익이 보일 때가 있다. 당장 투자하면 몇 배가 넘는 이익이 나는 사업을 알고 있는데, 투자할 돈이나 사람이 없다면 답답할 것이다. 이때 무리하게 차입하여 망한 사람이 한둘이 아니다. 김 팀장은 신중해야 한다며, 매사에 철저한 준비와 검토를 강조한다. 내가 올인할 것이냐? 분산할 것이냐? 의사결정은 철저한 준비이다.

둘째, 재원에 대한 의사결정에서도, 만약 올인하여 실패했을 때를 가상해야만 한다. 올인하여 실패 후 자신에게 주어지는 것이 하나도 없다면 재기의 가능성마저도 저버리는 모습이 된다.

셋째, 구성원들이 더 잘하는 것을 택해야 한다. 사업의 본질을 벗어나지 않고 다각화를 추진하는 것은 매우 바람직하다. 그러나 전혀 가능성이 없는 사업을 이끌어야 하는 경우로 내몰릴 수도 있다. 이 경우, 조직장은 구성원과 보다 강력한 커뮤니케이션을 통해 설득해 가며, 다방면에 걸친 전략을 이끌어 가야만 한다. 결정되기 전에는 여러 의사결정 사항이지만, 이미 결정된 사안이라면 따라야 한다. 구성원들이 더 잘하는 분야를 선정하고, 아닌 경우는 리스크를 여러 사람이 분산하게 하여 실행력을 높이는 것이 보다 바람직하다고 강조한다.

김 부장은 이 부장에게 일을 가장 잘하는 조직장은 본인의 업무를 여러 사람에게 분산하고, 종합하는 능력을 가진 사람이라고 말했다. 즉 열 개의 과업이 있는데 이를 자신이 혼자 다 짊어지고 밤을 지새우며 일하는 사람보다는 가장 잘할 수 있는 사람에게 일을 분산하고 자신은 가장 중요한 과업에 집중하면서 일정계획에 따라 전체를 통합하는 역량을 가진 조직장이 진정한 조직장이라는 것이다. 그리고 이 부장은 최고의 역량과 성과를 보이고 있다며 등을 쳐준다.

불확실성하에서의 의사결정을 하다

김 팀장에게 "조직장의 업무 중 가장 중요한 것이 무엇이냐?"고 물었다. 김 팀장은 일말의 망설임이 없이 "의사결정"이라고 대답한다. 사실, 조직장이 가장 곤욕스러운 일은 알지도 못하고 그 파급효과가 큰 상태의 과업에서 의사결정을 하는 것이다. 기업의 성패는 조직장이 불확실성의 시대에 최선의 의사결정을 하여 위험을 관리하고, 성과를 창출하느냐에 달려 있다고 해도 과언이 아니다. 최근의 경영환경은 미래를 예측할 수 없는 상황이다. 조직장은 의사결정을 하지 않을 수 없는데, 문제는 미래가 어떻게 전개될지 알지 못하는 상황에서 해야만 한다는 점이다.

김 팀장은 어떻게 의사결정을 해 왔는가를 생각해 봤다. 사실 김 팀장은 나름 의사결정을 하는 분석모델을 갖고 있다. 김 팀장은 여러 선배들을 떠올려 본다. 과거의 데이터나 성공경험을 중심으로 의사결정을 하는 선배, 환경을 분석하고 여러 대안을 찾아 그 가운데 위험은 적고 성과는 높은 안을 택하는 선배, 자문집단 또는 전문가를 곁에 두고 조언을 하도록 하고 본인이 판단하는 선배. 그러나 대부분의 선배들은 과거의 경험을 기반으로 긍정적 확신이 들 때 의사결정을 했다. "지금까지 이렇게 잘해왔으니 이번도 잘될 거야." 하는 심정으로 의사결정을 하다 보니 심각한 피해를 준 사례도 있었다.

김 팀장은 팀원들에게 '불확실성하의 올바른 의사결정은 어떻게 할 것인가?'에 대해 설명을 하였다. 첫째, 사실 중심의 객관성이 담보가 된 의사결정을 해야만 한다. 경영환경을 분석하고 자신의 회사 특성에 맞는 아이디어를 제안하고 여러 다양한 의견 속에서 장단점을 분석해 가며 의사결정을 해야 한다. 한 사람의 의견을 따라가는 것이 아닌 의사결정 회의에 반대만을 위한 반대자를 포함하는 등 다각도로 분석하여 결론을 도출해야 한다.

둘째, 해결안 위주로 의사결정을 해야 한다. 회사는 자선단체가 아니며 공공성이 너무 강조되어서는 안 된다. 의사결정의 결과가 법을 위배하지 않고 최대의 이익을 내도록 가져가는 것이 기본이다. 이를 위해서는 보다 현실적으로 문제가 해결되도록 결정을 이끌어야 한다. 대안이 없는 의견 제시는 갈등만 초래하고 더욱 과제를 미궁 속에 빠뜨리게 하므로 경계해야 한다.

셋째, 의사결정을 하는 조직장은 개방적 마인드를 가져야 한다. 1989년 리복의 'The Pump' 신발은 혁신제품이다. 당시 CEO인 폴

파이어맨은 "확실해질 때까지 기다린다면 혁신제품을 출시할 수 없다."며 개방적 의사결정을 했다. 닫힌 마음에서 움츠려 있다면, 성공은 결코 누릴 수 없다. 예선에서 엄청난 스코어로 패배한 팀이 다음 해 예선을 통과하기는 매우 어렵다. 선수들이나 감독의 마음에 이미 패배의식이 너무 짙게 자리 잡고 있기 때문이다. 조직장은 의사결정을 함에 있어서 과거에서 배우되 얽매이지 않아야 한다. 현재 상황을 정확히 인식하고 "해 보자." 하는 마음으로 밀고 나가야 한다고 강조했다.

김 팀장은 지금 10개년 중장기 인사전략을 수립 중에 있다. 각 사업본부에 10년 후, 현재 1위 기업과의 비교를 통해 사업의 가장 바람직한 모습을 상상하여 이를 구체화하라고 요청했다. 이어, 그 경우에 사업의 영역이 어떻게 변화될 것이며, 어떤 인재가 얼마나 있어야 하며, HR에서 지원해야 할 제도나 자원은 무엇인지 연도별로 구체적으로 작성해 달라고 요청했다. 결국 불확실성하에서의 의사결정의 기반은 현장에 있음을 김 팀장은 잘 알고 있다.

강점을 강화하다

어린 시절 선생님에 대한 추억이 다 있을 것이다. 어느 유명한 화가가 된 친구는 초등학교 시절을 회고하며 눈물을 감춘다. 그는 매우 장난꾸러기였고, 어린 시절 집이 가난해 공부를 더 할 수가 없었다. 쉬는 시간에는 그것이 한이 되어 친구들을 더 괴롭혔다. 어느 날 다른 친구의 노트에 그림을 가득 그려 놨는데, 선생님이 그것을 보고 혼내기보다는 "길동이는 나중에 커서 유명한 화가가 되겠다."고 말씀하셨다. 이 한마디가 그 친구의 인생을 바꾸는 계기가 되었다. 그 당시만 해도 뭔가 그리는 것이 좋아 운동장에 돌로 그림을 그리곤 했는데 선생님의 한마디에 꿈을 가지게 되었다고 회고한다. "선생님은 학생 한 사람 한 사람에게 관심을 갖고, 그들의 강점만을 강조해 주셨다."며 울먹이면서.

김 팀장에게는 두 명의 선배가 있었다. A선배는 99가지 장점이 있고, 단 한 가지 단점을 갖고 있는 매우 뛰어난 분이었다. A선배가 자신이 임원이 되지 못하고 회사를 나갈 수밖에 없었던 이유는 자신의 상사의 영향이 컸다고 한다. A선배의 상사는 A선배의 한 가지 단점을 고치기 위해 계속 이 단점을 지적하고, 심지어 화를 내기도 했다. A선배는 참다 참다 참지 못하고 결국 화를 내게 되었고, 이 일이 회사에 알려지면서 결국 퇴직에까지 이르게 되었다고 한다.

B선배는 장점보다는 단점이 많은 함께 생활하기 어려운 분이었다. 하루가 지나지 않아 폭음에 폭설에 심지어 폭행 수준까지 가는 말도 못하게 피곤한 분이었다. 모든 사람들이 기피할 때, B선배의 상사는 B선배의 장점을 부단히 칭찬하고, 자랑을 하고 다녔다. 지금 B선배는 완전히 다른 모습으로 사내에서 인정받고 존경받는 김 팀장의 상사 임원이기도 하다.

무엇이 이 두 사람을 이렇게 판이하게 다르게 했을까? 본인의 노력이 가장 컸겠지만 자신을 인정하고 바람직한 모습만 생각하고 강점을 강화해준 리더십의 차이도 하나의 원인이 되지 않았을까?

김 팀장은 팀원들에게 종종 삼성의 강점에 대해 이야기한다. 삼성은 인간경영이 큰 강점이라고 한다. 사업장 방문 시, 대표이사도 사원과 함께 줄을 서서 배식을 받아 식사한다. 청결한 조직으로 철저한 예방교육과 높은 충성도를 강조하는 문화 속에 부정이 숨 쉴 곳이 없다. 비노조경영으로 빠른 의사결정과 상생의 정책을 가져가고 있다. 그러나 가장 돋보이는 삼성의 강점은 바로 삼성인이라는 공동체 의식이다. 삼성인, 삼성체전, 현지채용인 교육 등 삼성은 삼성인으로 하나가 되도록 한다. 삼성은 지금 창조경영을 강조한다. 그러나 이러한 창조경영은 인간경영, 청결한 문화, 비노조경영과 삼성인이라는 공동체 의식이 기반이 되지 않는다면 어려울 것이다.

김 팀장은 조직장에게는 아랫사람을 바람직하게 변화시켜야 하는 책임이 있다고 생각한다. 모든 사람은 자신만의 개성과 속성이 있다. 이 개성과 속성을 키우고 살려 줘야 한다. 한층 더 강화시켜 주어야 한다. 그들의 단점을 지적하기보다는 그들이 갖고 있는 강점을 살피고 찾아 더욱 키워 줘야 한다. 이를 위해서 먼저 자기 자신의 강점을 알고 강화해야 한다. 구본형 씨는 「내 강점을 찾아내 집중투자 하라」는 글에서 '재능 이력서'를 작성하여 자신의 강점을 찾아 그곳에 자원을 집중 투자할 때 가장 빨리 자신의 전문분야를 확보할 수 있다고 했다.

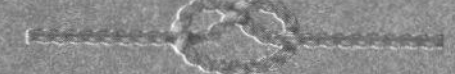

혁신은 유지가 아닌 생존이다
먼저 나부터 변화하다
익숙한 것으로부터의 탈출
기본에서 출발하다
내부와 외부의 균형감
패러다임을 읽고 반영하다
목표를 정해 도전하다
줏대 없이 따라하지 않는다
작은 성공을 맛보게 하다
실패에서 배우고 반복하지 않는다

PART 3

변화 주도

혁신은 유지가 아닌 생존이다

요즘 팀원들이 현 조직과 직무에 안주하여 안정을 취하는 경향이 엿보였다. 김 팀장은 일시적 안정은 필요하지만, 길어지면 고이게 되고 고이면 썩게 된다며 혁신하라고 질책했다. 혁신은 배우는 과정이 아닌 냉정한 현실이며 생존이 전제가 되어야 한다고 강하게 말했다. 김 팀장은 혁신하지 않으면 기업은 망할 수밖에 없다며 몇 가지 사례를 들었다.

피터즈와 워터만은 초우량기업의 조건에서 "실패한 계획에는 반드시 하나의 공통된 특징이 있다. 그것은 예외 없이 자발적으로 행동하는 의욕적인 혁신자가 없었다."라며 혁신을 강조한다. 세계의 지식은 7년에 두 배가 된다고 한다. 7년 동안 유지만 하고 있었다면 유지가 아닌 쇠퇴이다.

김 팀장은 원숭이의 사례를 들며 왜 혁신해야 하는가를 설명한다.

"일본에는 원숭이만 살고 있는 섬이 있다. 그 섬의 원숭이들은 고구마를 먹고 지내는데, 항상 털어 먹었다. 그러던 어느 날, 한 원숭이가 씻어 먹었더니 당연 지근거리지 않고 맛있었다. 얼마 되지 않아 대부분 원숭이들이 고구마를 씻어 먹게 되었다. 이해할 수 없는 것은 도저히 원숭이가 헤엄쳐 갈 수 없는 또 다른 섬에서도 고구마를 씻어 먹더라는 점이었다. 원숭이 세계에서조차 혁신해 가고 있다."

역사를 돌이켜 보면 끊임없이 혁신을 추구한 나라는 강해졌고, 혁신을 외면한 나라들은 사라졌다. 하물며 기업은 어떻겠는가? 철저하게 혁신하여 적극적으로 새로운 환경에 대응하면 기업은 성장하지만, 소극적 대응으로는 쇠퇴하게 된다.

멕켄지에서 조사한 바에 의하면 기업의 수명이 1935년 90년에서, 1955년 45년, 1975년 30년, 1995년 22년, 2005년 15년이라고 한다. 혁신하지 않으면 15년 안에 망할 수 있다는 위기의식을 우리에게 전하고 있다. 2006년 한국상공회의소 자료에 의하면, 1994년 이후 중소기업 74.7%가 10년 이내에 사업을 접는다고 한다. 혁신하지 않으면 망한다고 거듭 강조한다.

김 팀장은 혁신을 하기 위해서는 반드시 모험이 따른다고 한다. 국제 판타스틱영화제로 유명한 일본 홋카이도 유바리시는 2006년

9월 재정의 14배에 이르는 360억 엔의 부채를 견디지 못하고 파산 신청을 내었다. 탄광촌에서 관광도시로의 무리한 추진이 원인이었다. 파산한 홋카이도의 경제는 다카하시 하루미 지사에 의해 재건과 혁신이 시작된다. 하루미 지사는 홋카이도 신생플랜을 만들었다. 먼저 주민에게 위기의식을 불어넣고, 관민 합동의 기업 유치의 노력으로 토요타 자동차를 끌어들였다. 또한 새로운 상품과 지역 특산물 및 눈을 이용한 스키장을 개발하여 관광객을 오게 하는 대변혁을 주도한다. 폐광으로 인한 탄광산업의 쇠퇴와 관광산업으로의 변화 실패로 파산한 도시에서 주민들과 함께 경제적 자립을 이루어 간다.

하루미 지사의 사례에서 봤듯이 김 팀장은 "조직장은 혁신을 위한 계획을 세우고, 수없이 많은 방해들을 극복하며, 일관되게 추진하는 사람이다."라고 강조했다. 김 팀장은 서장에 꽂혀있는 한 권의 책을 꺼낸다. 존 코터의 『변화의 기술』이란 책이었다. 이 책에서는 기업들이 혁신에 성공하지 못하는 8가지 요인을 제시하고 있다.

① 자만심을 방치하였다.
② 혁신을 이끄는 모범적인 사람이 없다.
③ 5분 안에 설명할 수 있는 비전이 없다.
④ 비전을 전파하지 못했다.
⑤ 방해물, 무사안일주의자를 방치해 두었다.
⑥ 단기간에 가시적인 성과를 보여 주지 못했다.
⑦ 샴페인을 너무 일찍 터뜨린다.

⑧ 새 제도를 문화로 정착시키지 못했다.

김 팀장은 팀원들에게 현 직책과 직무에서 안주하다 보면 고정관념과 기존의 방식을 준수하는 것이 편할 수 있지만 이렇게 해서는 새로운 성장을 추진해 나갈 수 없다고 말했다. 길고 멀리 미래를 바라보며, 다가올 100년을 준비하며, 회사의 성장과 생존을 위해 혁신의 중심에서 진두지휘해달라는 부탁을 한다.

먼저 나부터 변화하다

영국 웨스트민스터 대성당 지하묘지에는 자신을 먼저 변화시켰다면 세상도 변화시켰을 수 있었을지도 모른다는 교훈을 담은 묘비가 있다. 젊었을 때에는 세상을 변화시키겠다는 꿈을 가졌으나, 살면서 세상은 고사하고 가족도 변화시키지 못하는 자신을 바라보며, 나부터 변화시켰다면 변화된 나의 모습을 보고 가족과 이웃과 나라와 세상도 변화될 수 있었을 텐데 하는 내용이다. 초서에 "자신의 허물을 알 수 있는 사람이야말로 진정한 현인이다."라고 적혀 있다.

남이 나를 사랑하지 않는다고 이야기하지 말고, 내가 그에게 얼마나 사랑으로 대했는지 반성하고, 아랫사람이 나의 지시를 왜 수행하지 않느냐고 화내지 말고, 내가 그의 마음속에 얼마나 간직되어 있는지 반성하라. 목표를 정해 노력을 했는데도 기대치에 미치지 못하면 그 원인을 자신에게서 찾아야 한다. 자신에게서 잘못을 찾고, 반성하며 개선하려고 노력하는 자세가 조직장이 해야 할 가장 기본 행동이다.

김 팀장은 나부터의 변화는 '내가 지금 진정한 초일류인가'에서 시작된다고 믿는다. 삼성이 1993년 신경영을 외치며 추진한 운동은 7 4제였다. 7시 출근하여 4시 퇴근하는 이 제도는 당시 사회적 인프라가 구축되지 않은 상태에서 쉽지 않은 결정이었다. 삼성이 강행한 이유는 '의식이 행동을 바꾼다'가 아닌 '행동을 통해 의식을 바꾸겠다'는 의지의 표출이었다. 당시 삼성은 임원들에게 세계 초일류 백화점 견학을 통해 자신의 위치를 인식하게 하였다. 한쪽 구석에 먼지가 쌓여 놓여 있는 제품, 다른 제품에 덤으로 팔리는 제품의 현실이 그들을 자극하기에 부족함이 없었다. 김 팀장은 자신에게 묻는다. '나는 지금 초일류인가? 다음 질문에 자신 있게 이야기할 수 있는가?'

- 10년 후 나를 먹여 살릴 사업 계획을 갖고 있는가?
- 10년 후 현재의 급여와 퇴직금을 받을 수 있겠는가?
- 내 경쟁력은 무엇인가?
- 내 직무를 통해 높은 수익성을 보유하고 있는가?
- 세계 1위와의 격차와 어떻게 앞설 것인가 전략이 있는가?
- 회사의 비전과 나의 비전이 어느 정도 일치하는가?
- 내 분야에 대한 최고의 전문성을 갖고 있는가?
- 효율적이고 생산적인 나만의 시스템을 갖고 있는가?

김 팀장은 아침에 일어나 가장 먼저 깨어남에 감사하고 오늘 해야 할 6가지를 생각한다. 거울을 보며 파이팅을 외치고 오늘 성공하여 환하게 웃는 모습을 떠올리며 활짝 웃는다. 김 팀장은 나부터의 변화는 조직장으로서 자신의 성공 이미지를 확신해야 하며, 진정한 초일류 조직장이 되기 위해서는 이러한 성공이미지를 형상화하고 실천해야 한다고 결심한다. 김 팀장은 자신의 성공이미지가 자신의 삶에 긍정적 영향을 미치도록 끄집어내어야 하며, 나아가 타인이 인정하고 지원해줄 수 있도록 알리는 노력을 해야 한다고 강조한다. 나는 성공한 조직장이고, 모든 사람들은 내가 이끌기를 고대한다고 자기 암시를 하며, 나는 나 자신을 믿고, 보다 높은 삶을 살기 위해 노력한다고 확신한다. 이러한 나 자신의 변화가 결국은 주변의 팀원과 동료와 후배들에게 영향을 줄 것이라고 믿고 행동한다.

익숙한 것으로부터의 탈출

김 팀장은 '조직장은 고정관념이나 관습에서 벗어나 개선을 통해 타인에게 영향을 주는 사람이다'라는 생각이 확고하다. 김 팀장은 고정관념을 변화시키기가 얼마나 어려운가를 알려주기 위해 원숭이 사례를 들었다.

"5마리의 원숭이를 우리 안에 가두고, 우리 위쪽에는 바나나를 걸어 두었다. 그 아래에는 계단을 설치하였다. 곧, 원숭이 한 마리가 계단 쪽으로 다가가 바나나를 향해서 오르려는 순간, 나머지 원숭이들은 차가운 물세례를 맞았다. 얼마 동안 나머지 원숭이들도 같은 시도를 하고 그때마다 원숭이들은 차가운 물세례를 맞았다. 이제 한 원숭이가 계단을 올라가려고 하면, 다른 원숭이들이 이를 막았다.

그 후 차가운 물을 치우고 우리에 있던 원숭이 한 마리를 새로운 원숭이와 교체하였다. 새로 들어온 원숭이가 바나나를 보고 계단을 오르려고 하자 다른 원숭이들이 바로 공격했다. 또 한 번의 시도와 곧 이은 공격들……. 이 원숭이는 계단에 오르려고 시도하면 공격받는다는 것을 알게 되었다. 또 한 마리의 원숭이를 새로운 원숭이와 교체하였다. 새로 들어온 원숭이가 계단 쪽으로 다가가자 나머지 원숭이들이 공격을 했다. 바로 전에 들어온 원숭이가 공격에 더 적극적이었다. 이런 식으로 원래 있던 원숭이들 모두가 새로운 원숭이로 교체되었다. 새로운 원숭이가 들어와서 계단을 오르려고 할 때마다 그 원숭이는 공격을 받았다.

이쯤 되자 원숭이들은 왜 계단 가까이 가면 안 되는지를, 왜 차가운 물세례도 없는데 계단으로 가는 원숭이를 공격하는지 모르게 되었다. 그러나 바나나를 먹기 위해 계단으로 가는 원숭이는 한 마리도 없었다."

김 팀장은 조직장은 Proactive하게 업무를 추진해 가야 한다고 팀원에게 수시로 이야기한다. 오래된 기업을 컨설팅을 하다 보면 "좋은 게 좋은 거야, 하던 대로 해, 시키는 대로 해, 알아서 해, 우리끼리만 하자." 등의 문화가 있다. 사실 무엇인가 바꾸기는 어렵다. 어릴 때 축구선수가 되기 위해 열심히 축구를 해 왔는데 갑자기 농구를 하라고 하면 어떻게 하겠는가?

하지만 축구를 할 수 없다면 바꿔야 한다. 여자 양궁을 보자. 세계양궁연맹이 한국 여자 선수의 연승을 막기 위해 수차례 규정을 바꾸었지만, 그들은 항상 그보다 앞선 경쟁력으로 금메달을 계속 휩쓸고 있다. 그렇게 김 팀장은 조직장은 항상 변화하는 상황을 예측하고 적응하며 Proactive하게 추진해 나가야 한다고 독려한다.

마무리로 김 팀장은 항상 습관의 덫에서 벗어나야 한다고 정리한다. 중앙일보의 '중앙 Sunday'의 경우다. 일요일에는 신문이 배달되지 않아 직장인 또는 고학력자들의 읽을거리에 대한 욕구를 충족시키지 못하는 단점이 있었는데 변화 끝에 일요일에 배달하기에는 여러 문제점이 있다는 고정관념을 뛰어넘었다. 일간지의 벽을 뛰어넘고 독자들에 대한 심층조사를 한 후에 고학력 · 고소득층을 겨냥하여 고가격에 중요 이슈를 중심으로 새로운 틈새시장을 찾아낸 사례이다. 김 팀장은 우리가 초일류를 지향하고 한 단계 성장을 추구하기 위해서는 우리 주변에 지금까지 해왔으니까 아무 생각 없이 하고 있는 일들을 개선하고, 새로운 시각에서 변화를 이끌어가는 것이 중요하다고 마무리한다.

기본에서 출발하다

김 팀장의 오늘 아침 팀원과의 대화 주제는 기본이다. "삼성이 신경영을 하게 된 당시의 모습은 망할 수 있다는 위기감이 있었다. 삼성 본관 앞의 라면집에는 근무시간임에도 불구하고 라면을 먹는 직원들이 줄을 섰고, 공장에서는 물건이 불량품임을 알면서도 그냥 라인에 흘려보내며, 선진 경쟁사에 비해 형편없는 생산성, 국내에 안주하는 태도와 CEO만 바라보며 시키면 시키는 대로, 하라면 하라는 대로 실시하는 모습, 지시는 못 하면서 지적은 잘 하는 상사, 회의, 회의 또 회의인 회의 만능주의. 이러한 상황에서 이러한 삼성의 모습을 솔직하게 이야기해 보자는 움직임이 싹트게 되었다. 삼성 신경영은 근본적으로 '기본으로 돌아가자.'이다. '나부터, 윗사람부터, 쉽고 작은 것부터 철저히'가 그들의 모토가 되었다."며 이야기를 꺼낸다.

기본은 자기반성에서부터 시작된다. 김 팀장의 삼성 이야기는 이어진다. "삼성은 절대 1등이 아니라는 반성을 했다. 용인에 있는 삼성인력개발원의 1등 제품과 삼성 제품의 비교를 통해 제품의 수준 차이를 명확하게 알게 하였다. 무식과 권위주의를 없애려고 6개월 과정의 임원교육을 실시하였다. 개인과 집단의 이기주의, 말로만 고객만족, 농업적 근면성만 강하지 창의성이 없는 근무태도, 양 위주의 사고 등. 망한 다음에 무슨 할 말이 있겠는가? 삼성의 선택은 철저한 자기반성을 통한 철저함에 있었다."

본업을 망각하고 무리한 확장으로 망한 많은 기업이 있다. 전통 제조업의 강자인 SONY는 콘텐츠 엔터테인먼트 사업으로의 무리한 확장으로 '작고 아름다운' 특유의 강점을 잃었다. 국내 대기업이었던 대우의 쇠망 이유도 무리한 확장이었다. 국내 100대 기업의 변천을 살펴보면 '본업에 충실하라'는 경영 제언이 남의 말 같지 않다.

조직장이 추구해야 할 기본은 무엇인가? 김 팀장은 가장 먼저 선행적 위기의식을 강조한다. 사원과 조직장의 차이점은 미래를 어떻게 보느냐에 있다. 조직장은 미래를 선행 관리한다. 예측하며 대비하기 위해 부단히 노력한다. 조직장은 문제를 해결하기 위해 사람을 만나고 책을 읽고 세미나에 참석한다. 사원은 현재에 집중한다. 현재 문제에 힘들어하고, 그 해결에 집중한다. 즉 미래에 닥쳐올 위기에 준비하는 사람이 조직장이다.

조직장이 리더십을 발휘하지 못하는 이유 중의 하나는 너무 높은 수준과 가치를 보유했다는 점이다. 당연히 경험, 지식과 정보가 부족한 사원이 바라보는 일의 수준과 일 처리와 상사의 기대 수준 사이에 Gap이 있을 수밖에 없다. 이를 극복하기 위해서는 구성원 간의 신뢰가 있어야 한다. 파트너십을 발휘해야 한다. 성과를 높이기 위해서 구성원에게 자율성과 책임을 부여해야 한다. 자신이 사원이었던 시절로 돌아가 적극 지원해주며 이끌며 공유하는 자세를 갖추는 것이 기본이다.

조직장은 조직, 직무와 구성원의 경쟁원천이 무엇인가 항상 인지하고 있어야 한다. 핵심기술, 핵심직무, 핵심인재에 대한 유지·관리를 하고, 강화해 나가야 한다. 또한 조직장은 조직장이 해야 할 일의 기본을 명확하게 알고 업무에 임해야 한다며 기본에 충실한 팀원들이 여러분이라는 칭찬을 끝으로 김 팀장은 아침 대화를 마친다.

내부와 외부의 균형감

김 팀장은 팀원들에게 HR담당자가 항상 내부와 외부 변화 속에서 균형을 가져가는 것이 얼마나 중요한가에 대해 자주 언급한다. 사실 HR담당자는 내부지향적이 된다. 구성원의 요구, 회사의 정책이나 관습에 따라 제도의 향방이 좌우되기 때문이다. 대부분 만나는 사람이 내부인이고 사업이나 부서의 특성을 고려하다 보니 자연스럽게 외부와는 멀어지게 된다.

하지만 외부 전문가나 기업을 찾는 경우도 발생한다. 최고경영자가 갑작스럽게 새로운 제도를 도입하라고 할 때이다. 성과주의 인사를 한다고 하는데, 우리 인사제도는 구성원뿐 아니라 본인도 마음에 들지 않으니 우리 회사에 맞는 성과주의 인사제도를 마련해 보고하라고 한다. HR부서는 앞서가는 기업을 찾아 벤치마킹을 하고 인사전문가를 만나 어떻게 하는 것이 좋은지에 대한 자문을 구한다. 이러한 노력의 과정에서 HR을 둘러싸고 있는 외부 환경이나 제도 그리고 운영이 자사하고 많은 차이를 보이고 있음을 알게 된다. 외부와의 지속적인 교류를 해야겠다고 생각은 하지만 이내 업무와 문화적 영향으로 내부에 다시 묻히게 되는 경우가 허다하다.

김 팀장은 팀원들에게 1주일에 몇 번 HR 관련 외부 전문가를 만나거나 전문 서적을 보느냐고 물었다. 아무도 대답이 없다. 개별적으로 질문하니 이 부장이 2주에 한 번 수준으로 전문 잡지 또는 서적을 읽는 수준이었고, 외부 전문가나 다른 회사를 방문하는 경우는 없었다. 김 팀장은 이러다가는 이 회사의 조직과 개인 경쟁력은 떨어질 수밖에 없다는 위기의식을 느끼게 되었다. 김 팀장이 추진한 일은 내부와 외부 활용방안이었다.

먼저 내부 인력과의 네트워크 구축과 지속적 관계정립을 위해 3가지 제도를 도입하여 운영하기로 하였다. 첫째, 각 사업본부별 담당자 제도이다. 각 사업부에 HR담당자 1명을 배정하여 사업부의 HR조언과 정보 제공 및 지원을 도맡게 하고, 사업부 회의에 참석하여 HR 관련 이슈에 대해서는 현장 해결이 될 수 있도록 했다. 매주 금요일은 사업부 담당자 회의를 통해 정보 공유와 지원이슈 토론을 하도록 했다.

둘째, HR설명회이다. 팀 단위로 찾아가 HR제도 및 운영에 대한 설명 및 제언 청취 등에 관해 분기별 이야기를 나누는 제도이다. 셋째는 인사위원회 개최이다. 인사위원회는 사업본부장 이상이 참석하며 인사 정책, 중요 제도 수립, 조직설계, 인력운영, 문화 개선 등과 같은 굵직한 HR이슈에 대해 논의하고 결정하는 회의로 통상 2주에 한 번 개최하거나, 이슈 발생 시 비정기적으로 하는 방법이 있다.

김 팀장은 외부 인력과의 네트워크 구축도 크게 3가지로 제시하였다. 첫째, 인력 유형별 네트워크 구축으로 차장 이상의 경우는 담당 직무의 인사 연구회를 설계하여 외부 교수, 전문가, 동일 직무의 외부 기업 담당자, 전문기자 등을 포함시켜 매월 도시락 미팅과 발표, 회사방문의 프로그램을 운영하라고 했다. 과장 이하의 팀원에 대해서는 석사 과정에 입학하여 교육을 받으면서 자연스럽게 함께 참석한 동일 직무의 직장인과 교류를 가지라고 했다.

둘째, 월 1회 외부 전문가와의 만남의 날을 정해 팀원들에게 매월 1일은 외부 전문가를 만나는 날로 정해 실시하라고 했다.

셋째, 선진 기업의 HR 벤치마킹이다. 자신의 직무에서 가장 앞선 기업, 경쟁 기업을 찾아가 무엇이 다르며 무엇이 강점인가를 찾고 회사에 접목 방안을 찾으라고 했다.

김 팀장은 10년을 내다본다. 자신이 이 자리를 떠났을 때, 후배 중 한 명이 이 자리에서 더 많은 변화를 창출하고 더 높은 수준의 조직과 개인 역량을 강화시켜 지속성장을 하길 희망한다. 이를 위해서는 내부만 지향해서는 절대 되지 않음을 알고, 오늘도 팀원들의 내·외부 활동을 점검하고 격려한다.

패러다임을 읽고 반영하다

김 팀장은 조직장의 역량 중 으뜸으로 선견력을 이야기한다. 앞을 내다볼 수 없는 미래의 불확실성에 조직장이 제대로 방향을 잡아 주는 회사는 성장하고, 반면에 엉뚱한 방향으로 조직장이 이끄는 회사는 망할 수밖에 없다.

1990년대 말까지만 해도 아날로그 시대가 디지털 시대로 그렇게 빨리 바뀔지 아무도 예상하지 못했다. 140년 된 독일의 필름회사인 '아그파'는 당시 최대의 매출을 자랑했으나, 결국 디지털 시대에 대응하지 못하고 문을 닫고 말았다. 디지털 카메라를 세계 최초로 개발한 코닥도 아날로그 필름을 버리지 못해 수많은 혁신의 노력에도 불구하고 망했다. 디지털 시대의 도래는 사업구조, 경영자의 철학, 회사의 업무 프로세스, 각종 인사 제도 및 조직구조에도 많은 영향을 가져왔다. 한마디로 기존의 생각과 행동으로는 디지털 경쟁에 살아남지 못한다는 위기의식을 강하게 심어 줬다.

FORD 자동차는 종래 외상매입금관리를 500명의 인원이 담당하였으나, "송장을 받으면 지불한다."라는 발상에서 "물건을 받으면 지불한다."라는 발상의 전환으로 과거 14가지의 관리서류를 3가지로 감축하여, 75%의 인력 감축을 가져오는 규칙 파괴 활동을 전개했다.

사내 구성원이 갖고 있는 지식을 'KM(지식경영) System'에 등록하여 지식의 공유와 재창조가 일어나도록 하는 구조를 많은 기업들이 가져가고 있는 일도 30년 전에는 상상을 못 할 일이었다. 당시 자신의 기술과 경험은 남에게 알려 줘서는 안 되는 밥줄과도 같은 일이었다. 삼성생명의 '소장도우미'는 매일 5건의 아침 교육 자료를 전국에 있는 소장들에게 제공하여, 매일 아침 조회시간에 대한 부담을 덜어 줄 뿐만 아니라 지식의 공유를 전사적으로 활성화하는 수단이 되고 있다.

디지털은 HR에도 패러다임의 변화를 이끌었다. 아날로그 시대의 HR은 선발 중심의 사람이었다면, 점차 관심의 대상은 성과 중심으로 회사에 대한 공헌이 중시되었다. 자연 실적 중심의 역할이 강조되고 연공서열식의 평가는 갈수록 약해졌다. 자신이 보유하고 있는 역량보다는 회사에 궁극적으로 어떤 성과를 가져왔느냐가 판단의 척도가 되었다.

김 팀장이 요즘 고민하는 이슈는 '조직장은 어떻게 새로운 패러다임을 조직과 구성원에게 전파할 것인가?'이다. 현명한 조직장이라면 항상 새로운 패러다임을 강요하거나, 쫓지 않는다. 본인 스스로 하고자 하는 과제의 큰 그림을 그리고 기존의 것과 연계하여 발전해 나간다. 우선 새로운 것, 창조하는 문화를 지속적으로 조직에 깊숙이 뿌리박도록 노력한다. 연구하는 마음과 항상 개선하는 노력이 개인과 조직, 나아가 국가를 발전시키는 활력소가 된다. 세계적 기업 3M과 구글의 공통점은 구성원이 자유스러운 분위기 속에서 연구하고 창조하게 하는 데 있다.

또한, 조직장은 만남과 배움을 장려해야 한다. 어느 기업을 컨설팅한 컨설턴트가 이 기업은 오래 가지 못한다고 한 적이 있었다. 임원이 외부 사람 만나는 경우가 적고, 1년에 책을 10권도 읽지 않는다는 지적이었다. 임원이 내부지향으로 위만 바라보면 아랫사람이 어떻게 성장하겠는가? 외부 전문가를 만나고, 자신이 배운 것을 널리 공유하고 새롭게 발전시켜 조직문화를 숨 쉬게 해야 한다.

나아가 조직장은 과거의 습관에 얽매이지 않고, 변화를 인정하고 직원의 개선과 변화하려는 노력을 적극 장려해야만 한다. 토요타와 삼성 등 초일류기업들은 직원의 아이디어를 성과로 이어지게 하는 제안제도를 운영하고 있다. 구성원이 새로운 아이디어가 있으면, 사내 제안제도를 통해 바로 제안한다. 회사는 이를 평가하여 매년 시상함으로써 직원들의 사기를 올리며, 회사도 더 큰 성과를 창출한다며 변화를 강조한다.

목표를 정해 도전하다

46세의 나브라틸로바는 윔블던에서 테니스 정상을 차지한다. 보통 사람이라면 코트 이쪽저쪽을 왕복 2~3번만 빠르게 달리면 지쳐버린다. 이제는 나이가 들어 이런 운동은 하기 힘들다고 이야기한다. 그녀는 "많은 사람들은 실패가 두려워 아예 시작조차 하려 하지 않는다. 하지만 진정한 의미에서 실패라는 것은 해볼 만한데 시도조차 하지 않는 것이다. 할까 말까 망설이다가 결국 시도하지 않는 것도 실패다."라고 말한다.

당신이 20년간의 경영자 생활을 마치고 회사로부터 3년이라는 고문을 요청받았다면 무엇을 하겠는가? 후배들에게 경영 노하우를 전수해 줄 수도 있고, 중요 의사결정에 조언을 해 줄 수도 있을 것이다. 자신이 갖고 있는 가장 잘할 수 있는 영역을 정해 2년 만에 국제 코치 자격을 취득하고 후배 관리자를 대상으로 품격 높은 코칭을 해 준다면, 새로운 도전과 성취 아닐까?

암으로 6개월밖에 살지 못하는 아내는 얼마 남지 않은 인생을 위하여 평생 해보지 않은 여행을 준비하고 떠난다. 아들을 만나고, 친구와 함께 쇼핑하고, 남편과 시골길을 걸으면서 자신이 평소 해보고 싶은 일에 도전한다. 병원에서 누워 하루하루를 보내는 것보다 아픔을 참아가며 인생을 통해 해보고 싶은 것 10가지를 정하고 이를 달성하기 위해 노력한다면 더 의미 있지 않을까? 도전할 그 무엇이 있기에 평생 해보지 않은 것을 해야 되는 것이며, 가보지 않은 곳을 가는 것이다. 도전이 있다면 하게 되어 있다.

변화의 시작은 바로 목표를 정하는 것이다. 그 목표는 달성하기 쉬운 목표도 있고, 달성 그 자체가 알 수 없는 꿈과 같은 도전 목표도 있다. 김 팀장은 조직장은 목표를 정하는 사람이라고 믿는다. 1년에 꼭 해보고 싶은 일을 정하고 적어 놓고 매일 외치는 사람이다. 평생을 거쳐 꼭 해보고 싶은 일들을 적고, 달성해 가며 그 속에서 성취감을 느끼는 사람이 조직장이다. 이러한 목표를 혼자가 아닌 함께 달성하는 사람이 진정한 조직장이다.

김 팀장은 도전하는 조직장의 모습을 그려본다. 어느 날, 함께 생활하는 동료나 후배로부터 “나의 상사는 항상 뭔가 한다고는 하지만, 실제 하는 모습을 본 적이 없다.”라는 이야기를 들었다면, 무슨 생각이 들겠는가? 평상시 업무 처리는 매우 잘하지만, 미래 준비를 위해 노력하는 모습이 보이지 않는 상사, 전문 지식이 없이 과거의 자료나 아랫사람의 의견에 의존하는 상사, 배울 점이라고는 근속과 경험밖에 없는 항상 뒤쳐져 있는 모습이 당신의 모습이라면, 상사로서 당신은 조직과 구성원에게 병폐가 되는 존재일 뿐이다.

도전할 그 무엇이 있는 조직장은 선택과 집중이 뛰어나다. 자신이 정한 도전목표에 집중하며 항상 우선한다. 그리고 주위 사람들에게 비전을 주고, 뭔가 도전할 대상을 찾도록 안내하는 전도사가 된다. 나아가 열정과 동기부여를 통해 이를 달성하도록 지원하는 사람이다. 당연히 도전할 그 무엇이 있는 조직장의 모습은 자신이 차있고 항상 활력이 넘친다. 중요한 것은 이러한 조직장 주위에는 많은 조언자와 후원자가 있다는 점이다. 자신이 넘치되 교만하지 아니하고, 열정적으로 추진해 나가되 독단적이지 아니하며, 항상 자신을 낮추며 한 발 더 나아가는 모습에 사람들은 더욱 이끌리게 된다.

줏대 없이 따라하지 않는다

김 팀장이 가장 싫어하는 것은 자신의 주장을 하지 못하고 부화뇌동 하듯이 아무 생각 없이 따라가는 사람이다. 대부분의 사람들이 "예"라고 하더라도 소신 있게 "아니오"를 이야기할 줄 알아야 한다고 한다. 김 팀장이 생각하는 직장인들의 가장 슬픈 모습은 사장에게 잘 보이기 위해서, 직장에서 퇴출당하지 않기 위하여 자신의 생각을 버리고 오직 눈치와 요령으로 아부하는 모습이다. 윗사람의 비굴한 모습을 보며 후배들이 무엇을 배우겠는가? 예의를 갖추고 자기주장을 하는 직장인이 되고자 다짐한다.

김 팀장은 직원들에게 "당신이라면 주말에 점심 한 끼 식사를 위해 40도가 넘는 폭염 속에 85km 비포장도로를 먼지와 함께 달려가겠는가? 당연히 가지 않을 것이다. 그러나 지나고 나면 후회할 일,

당연히 하지 말아야 할 일을 때로는 한다."며 이야기를 이어간다.

술을 마시는 사람이라면, 직장에서 누구나 다음과 같은 기억이 있을 것이다. 어느 날 1차가 끝나 어느 정도 술이 취한 상태에서 누군가가 "우리가 얼마 만에 만났는데, 한 잔 더 하고 가자."고 할 때, 가기 싫지만 함께 간 기억. 집에서는 아내가 기다리고 있고 늦게 들어가면 분명 있을 잔소리, 주머니에 돈도 없고, 내일 할 일이 많은데, 가면 술이 술 먹는데 거절하지 못하고 따라가서 정말 의미 없이 술이 술을 먹고 만취된 기억이 있지 않은가? 왜 이런 일이 발생될까?

첫째는 '모두가 다 그렇게 알고 있는 일이기 때문에' 즉 "모두가 다 그렇게 하는데", "내가 아니라고 하면 내가 그 일을 맡게 되거나 책임지라고 할 것 같아서", "당연히 그렇게 하는 것 아녀요?", "튀기 싫어서" 등 지금까지 그렇게 해 왔고, 모두가 그 일을 당연하다고 생각하고 있으면 반대하기 힘들다.

둘째로 자신의 생각을 정확하게 전달하지 못하는 데에서 발생될 수도 있다. 상사의 권위에 눌려서, 조직이나 단체가 갖고 있는 동료의식이나 무언의 압력으로, 잘못인 줄은 알지만 따르는 것이 낫겠다는 생각, 표현 자체를 못 하는 개인적 특성 등으로 말없이 따라가는 현상이 나타날 수 있다.

셋째, 합의 자체를 이끌어 내지 못해 이런 일이 자주 발생할 수 있다. 회사 내 자기주장이 강하고 합리적 의사결정을 한다면, 한두 번은 이런 일이 일어나지만 반복되지는 않는다. 그러나 전체 합의를 중시하는 문화와 조직에서는 자주 이런 일이 발생하게 된다.

김 팀장은 줏대 없이 따라가는 문화가 강하면 반드시 병폐가 나타난다고 강조한다. 병폐가 생기면 반드시 책임을 추궁하게 된다. 모두가 원하지 않은 일을 했기 때문에 "누구 때문이냐?"를 지적함으로써 자신은 피해 가고 싶어 한다. 조직에서 "저 사람 때문에 이번 일이 이렇게 됐다."라고 지적하여 한 사람이 순간적으로 나쁜 사람이 되어 불이익을 받는다면, 조직 전체에 보신주의가 물들게 된다. 자신감을 잃게 하고 창의를 죽이며 전체에 묻어가려는 경향이 심하게 나타난다.

조직장은 아닌 것은 아니라고 말할 수 있어야 한다. 세종대왕 시절에 허조의 역할을 그 누군가가 해줘야 한다. 이를 위해서는 열린 커뮤니케이션을 가져가야 한다. 누구도 자신의 의견을 자신 있게 이야기할 수 있어야 한다. 나아가 반대의견에 대해 인정을 해야 한다. 반대가 사라지는 순간 창의도 사라진다는 점을 잊어서는 안 된다. 조직장은 개인적으로도 합리적 판단을 해야만 한다. 평소에 전략적이며 합리적인 의사결정 훈련을 쌓아야 한다. 나아가 집단 의사결정이 주는 장점과 단점을 정확하게 파악하고, 조직이나 개인이 집단의사결정에 빠지지 않도록 합리적이고 효율적인 회의와 조직문화를 가져가는 노력을 경주해야 한다.

작은 성공을 맛보게 하다

혁신을 성공하기 위해서는 많은 노력이 필요하다. 첫째, 왜 혁신해야 하는가에 대한 구성원과의 공감대가 분명해야 한다. 추구하는 내용과 바라는 모습이 분명할 때 구성원들은 '그래 한번 해보자'는 마음이 생긴다.

둘째, 혁신의 내용을 확실히 해야 한다. 무엇을 통해 혁신을 할 것이냐의 이슈이다. S전자는 사람, 제품, 프로세스의 혁신을 추구했다. 대상이 분명하지 않으면 마치 액자 속의 구호와 같이 말로만 혁신을 외치게 된다.

셋째, 혁신의 방법을 확실히 해야 한다. 어떻게 혁신해 갈 것이냐에 대한 구체적 방법이다. 여기에 포함되는 사항은 혁신의 주체가 누구이며, 달성의 방법은 무엇인지, 언제까지 어떻게 달성할 것인가 여부 및 추진일정을 담은 로드맵, 점검 및 Follow up까지 고려해서 포함된다.

넷째, 혁신의 동력을 얻는 것이다. 가장 좋은 방법은 최고경영층을 참여시키는 것이고, 작은 성공을 통해 혁신을 이어 나가는 것이다. 그리고 반대 또는 저항세력을 설득하거나 제거해 나가는 사항들이 여기에 포함된다.

김 팀장이 담당하게 된 것은 인사혁신이다. CEO로부터 3개월에 걸쳐 인사혁신안을 보고하라는 지시를 받고 김 팀장의 고민은 시작되었다. 김 팀장은 회사가 지속성장하기 위해서 성과를 창출해야 한다는 점을 생각하고 이를 위한 인사혁신의 대상을 고려해 보았다. 무엇보다 강한 인사가 되어 사업과 연계하여 한 방향으로 가야 함은 기본이고, 조직과 구성원의 경쟁력을 강화시켜 나가는 인사가 되어야 한다고 생각했다.

김 팀장은 조직혁신, 사람혁신, 제도혁신, 문화혁신 4영역으로 나누고 각각의 달성 내용과 수준을 검토했다. 조직혁신은 현재 각 조직이 10년 후 사업의 변화에 대응할 수 있는 경쟁력을 가지고 있는가? 각 조직 간의 R&R(역할과 책임)은 명확한가? 조직의 강약점은 무엇인가? 조직장은 적재적소에 배치되어 있는가? 조직장의 역량은 그 조직을 이끌어 갈 만큼 충분한 전문성과 리더십이 있는가?로 파악하였다.

사람혁신에 대해서는 임원의 선발과 유지관리, 핵심직무 전문가의 체계와 인원 선발 및 유지관리, 신입 인력의 채용과 관리, 핵심가치에 대한 임직원의 한 방향 정렬 정도를 파악하였다.

제도혁신은 평가를 중심으로 채용부터 퇴직까지 제도가 잘 연계되어 있는가? 조직과 구성원의 니즈에 부합되지 않는 제도가 있지 않는가? 새로운 환경을 선도할 수 있을 만큼 경쟁적인가? 제도의 운영은 공정한가? 등을 살펴보았다.

그리고 마지막 문화혁신은 문화를 이끌어 가는 가치체계와 소통이 어떤지, 그리고 현장에서의 문제가 현장에서 해결되고 있는가에 대해 살펴보았다.

김 팀장은 일을 추진하면서 이 부장에게 10년 후 경쟁력 있는 조직설계를 요청했다. 지금까지 조직설계는 CEO의 몫이었다. 기존 임원을 배경으로 약간의 변경을 가져갔으나 10년 후 사업이 어떻게 변하고, 그때 어떤 핵심역량과 사람이 필요한가에 대해 각 사업본부장이 자료를 준비해서 발표하게 하였다. 이 결과를 중심으로 토의하고 그 결과를 담아 조직개편을 감행하였다. 기존과는 다른 많은 변화가 있었고, 임원 자리에도 가장 전문성을 갖춘 임원들이 포진하게 되는 결과를 낳았다. 과거 중심의 현재 경영이 아닌 미래 지향의 경영으로 패러다임이 바뀌게 되었다고 CEO는 극찬을 하였다.

인사혁신은 이 조직설계라는 작은 성공이 힘이 되어 탄력을 받게 되었다. 사람혁신에 임원 선발 프로세스가 마련되어 일정 수준의 역량이 없으면 임원이 되는 것을 기대할 수 없을 만큼 공정성과 심사기준이 명확해졌다. 핵심인재 운영 프로세스도 정비되고, 핵심직무전문가에 대한 선발, 유지관리, 심사가 이루어졌다. 하나의 조그마한 성공이 또 다른 성공을 위한 강한 촉진제가 된 것이다.

실패에서 배우고 반복하지 않는다

잘못을 저지르지 않는 조직장이 있을까? 적극적인 의사결정이나 도전적인 과제를 수행하지 않고, 지금껏 해온 일만 한다면 잘못을 저지르지 않을 가능성도 있다. 그러나 이런 조직은 어떻게 될까? 적극적이면서 항상 도전적이고 창의적이며 성공에 대한 강한 열정에 차 있는 조직은 실패를 어떻게 생각할까?

두 조직이 있다. 한 조직은 실패를 장려하는 조직문화를 가지고 있다. 구성원들은 자신의 의견을 적극적으로 개진하고, 보다 성과를 내기 위해 다양한 시도를 한다. 물론 처음 시도되는 것이 많다 보니 실패를 많이 하게 되고, 이러한 실패를 전 구성원에게 공유하여 포상까지 하는 조직이었다.

다른 한 조직은 실패를 용납하지 않는다. 모든 일을 완벽하게 처리해야만 한다. 한 번 실패하면 실패에 대한 엄벌이 주어진다. 회사는 실패를 인정하지 않기 때문에 도전한다는 것, 새로운 일을 벌인다는 것은 생각하지도 않는다. 사람들은 현재 하고 있는 일을 기계적으로 반복한다. 변화와 혁신은 다른 회사의 이야기일 뿐이다.

조직은 영속해야 하며, 성장·발전을 해야만 한다. 기업의 수명이 그리 오랜 기간이 아님을 감안한다면 앞의 두 회사 중 어느 회사가 살아남을까? 물론 사업의 특성을 고려해야 한다. 구성원의 역량과 조직분위기도 고려해야 한다. 그러나 항상 도전과 창의가 샘솟는 회사가 오래 생존하며 성장하는 법이다.

실패에서 배우게 하기 위해서는 무엇이 필요할까? 김 팀장은 첫째가 실패를 장려하는 문화라고 생각한다. 구성원들이 자유스럽게 자신의 직무를 고민하고 연구해서 새로운 제도 또는 제안을 만들어 나가도록 문화적으로 내재화시키는 것이다. 90년대 초, 토요타자동차를 견학했을 때, 생산공정의 작업 방식이 서구의 방식과 다른 부분이 있어 종이에 적어 안내 직원에게 주었더니 안내가 끝나고 1,000엔을 준다. 회사에 도움이 되는 제안이라면 제안의 가치에 따른 보상 이전에 무조건 1,000엔을 선지급하는 제도가 전 직원에게 열려 있었다. 이런 제안 제도 등이 실질적으로 추진되니, 현장의 생산성은 현장 근로자에 의해 결정된다고 느껴졌다.

둘째는 열린 커뮤니케이션이다. 자신이 담당하고 있는 직무뿐 아니라 회사의 경영현황과 주요 의사결정에 대한 열린 커뮤니케이션이 이루어진다면, 어떤 큰 위기가 닥쳐왔을 때, 피해는 매우 줄어들 것이다. 또한 구성원 마음속에 더 하자는 열정이 일어나 수없이 많은 개선이 이루어질 것이다. 변화는 현재 하고 있는 일에 집착하여 새로운 것을 받아들이려 하지 않는 닫힌 커뮤니케이션 앞에서는 무용지물이다.

셋째는 실패를 실패로 묻어 두지 않고 실패를 사례화 하여 교훈으로 가져가는 지혜이다. 실패를 실패로 묻어 두거나, 다가오는 위기에 단순히 고민만 하고 적극적으로 대처하지 않는다면, 더 큰 실패와 위기를 초래할 수 있다. 조직장은 실패에서 성공을 읽어야 한다. 다가오는 위기를 항상 대비하고 준비하는 자세를 가져가야 한다. 동서고금을 통해 역사의 많은 위대한 영웅들은 실패를 실패로 끝내지 않았다. 실패를 교훈 삼아 제2, 제3의 대책을 준비하여 다가오는 위기를 빠르게 파악하고 대처하여 성공으로 이끌었다. 조직장에게 필요한 것은 실패를 장려하며, 이를 구성원과 공유하고, 새로운 교훈을 만들어 조직을 변화시키는 지혜라고 김 팀장은 생각한다.

사장이 붙잡는 김 팀장

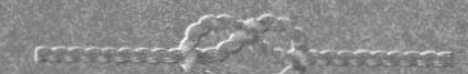

목표 설정의 명확화
하루 6가지 해야 할 일
일을 재미있게 하다
목표에 대한 조감도를 그려라
제대로 일하는 것과 일을 제대로 하는 것
일의 전문성은 기본이다
업무의 방향 설정과 업무분장
엄격하면서도 공정한 평가와 피드백
상사 설득
결론을 내는 회의

PART 4

일 관리

목표 설정의 명확화

목표는 삶의 동기이며 활력이다. 분명한 목표가 있다면 실패를 극복할 수 있을 뿐 아니라 미래에 대한 막연한 불안감을 실천해 가는 과정으로 바꿀 수 있다. 꿈이나 상상 수준의 목표를 가지고 있는 사람이 있다. 언제까지 무엇을 하겠다는 제한이 없다. 막연히 '되면 좋겠지' 하는 수준이라면 열정을 이끌어 낼 수가 없다. 하늘을 날고 싶다는 상상만으로는 절대 하늘을 날 수가 없다. 날기 위해 고민하고 연구하며 실행하여 날아야 한다. 명확한 목표는 결과물의 이미지가 분명하다. 어떻게 달성해야 할 것인가의 프로세스도 명확하다.

김 팀장은 명확한 목표 설정을 위해 다섯 가지 예를 들었다. 첫째, 구체성이다. 목표 내용이나 수준이 매우 구체적이어야 한다. 바람직한 인사 제도의 정착, 일하기 좋은 환경 조성, 현장 중심의 인사 강화, 조직문화 활성화 등의 목표는 무슨 의미인지는 알 수 있지만 달성의 수준에 대한 표현이 모호하다. 상대평가에서 절대평가로의 전환 및 제도 설계, 박사 학위자 중 해당 직무 10년 이상 근무자 10명 채용, 회의 10원칙의 제정과 실행안 수립 등 누가 봐도 동일한 이해와 실행을 할 수 있도록 구체적이어야 한다.

둘째, 측정가능성이다. 목표를 측정할 수 있다면 계획 대비 실행률을 관리해 나갈 수 있다. 산에 오를 때, 내가 어느 지점을 오르고 있다는 것을 아는 것과 무조건 정상이 나올 때까지 오르는 것은 큰 차이가 있다. 인사, 전략과 같은 비사업 조직의 경우 정량적 측정이 곤란한 과제들이 많다. 통상 5단계 평가 레벨이 있는 경우, 조직장이 2단계의 다소 미흡한 과제라 할지라도 담당자 본인은 4단계 이상의 잘했다는 평가를 한다. 그러나 정량적 기준이 있다면 이러한 평가는 있을 수 없다. 보다 냉정해지며 공정성을 가져갈 수밖에 없다.

셋째. 도전가능성이다. 달성이 쉬운 목표는 담당자뿐 아니라 조직을 서서히 멍들게 한다. 성취 의욕이 낮다 보니 대충대충 일하는 시늉만 보인다. 통상 수준의 일을 부여하지만 이들은 버겁다는 소리만 지속한다. 도전하다 실패하면 회사가 용인하지 않는다고 말하며 도전의식을 꺾는다. 자신이 하기 버겁다는 생각이 들 수준의 도전적인 과제를 수행하는 것이 역량도 강화되고 성과도 높다.

넷째, 인정가능성이다. 추진하는 목표가 회사에 추진하는 비전이나 전략 또는 성과와 부합하느냐의 여부이다. 인정받을 수 있는 목표를 정해 실행해야지, 아무도 알아주지 않는 일이나 현실과 동떨어진 너무 앞선 과제를 추진하는 것은 곤란하다.

다섯째, 마감기한의 설정이다. 목표를 수행하여 기대하는 결과물이 나오는 시기를 정해 놓는 것이다. 마감시간이 없는 과제는 없다. 마감 기한이 있어야 계획을 세우고 그 진척률을 점검하게 된다. 지원 조직의 과제들은 지속적으로 해야 하는 유지 업무가 많아 마감을 정하기 어려운 과제가 많다. 이러한 업무라 할지라도 인위적 기간을 정해 마감을 가져가는 것이 보다 바람직하다.

하루 6가지 해야 할 일

100세까지 해보고 싶은 100가지 일, 올해 꼭 해보고 싶은 10가지 목표, 이번 달 10개 목표에 대한 진척 관리, 오늘 해야 할 일 6가지. 김 팀장은 매년 10개의 목표를 정하고 월마다 진척률을 점검한다. 어느 목표는 6월이 되기 전에 달성한 것이 있고, 어느 목표는 6월이 지났음에도 진척이 없다. 김 팀장이 매년 목표로 잡는 항목은 주로 일의 전문성을 올리는 일, 부모님을 포함한 가족과 함께하는 일, 취미와 종교 그리고 건강, 재테크, 지인관리와 자기계발이다.

할 것은 이들 항목을 중심으로 보다 구체적인 목표를 정한다. 예를 들어 건강 항목의 구체적 목표가 75kg 유지라고 하면 이를 위해 매일 2시간 운동, 술 2차 안 가기, 저녁 무리하지 않기 등의 계획을 세운다. 또한 김 팀장은 매년, 매월 이 항목의 점검을 통해 자신을 이끌어 간다.

김 팀장에게 더 중요한 일은 바로 오늘 해야 할 6가지를 정하고 실천하는 것이다. 6가지 일 중 습관화되어 있는 일은 제외시킨다. 습관화된 것은 가족에게 전화하기, 매일 30분 책 읽기, 1주제 글쓰기, 2시간 운동하기 등이다. 습관화되어 있지 않은 것 중에 당일 해야만 하는 중요한 일, 당일 반드시 할 일은 아니지만 해 놓는 것이 좋은 일, 만나야 할 사람을 중심으로 6가지를 정하되 중요성과 긴급성 중심으로 결정한다.

김 팀장은 이러한 6가지 해야 할 일을 지인들에게 공유하여 실행에 대한 압박을 높인다. 6가지 일을 처리해 나가는 데에는 두 가지 원칙이 있다. 하나는 긴급성의 원칙에 따라 쉬우면서 긴급한 업무를 시간에 따라 사전 처리해 나가는 것이다. 6가지 중요 업무가 아니더라도 전화, 메신저, 갑작스러운 외부인의 방문 등이 방해가 되지 않도록 룰을 정해 처리한다.

김 팀장의 6가지 일 처리 방식 중 두 번째 방식은 중요업무를 먼저 처리하는 것이다. 비즈니스 영향력이 큰 업무를 중심으로 처리해 나간다. 매일 아침 7시에 출근하여 가장 먼저 6가지 일을 정하고 전 구성원이 공유할 수 있도록 화이트보드에 적어 놓거나 개인 메일로 발송한다. 팀원들에게 자신이 금일 해야 할 일뿐만 아니라, 무슨 일을 어떻게 해내야 하는가에 대해 자문 내지는 도움을 주게 한다. 김 팀장은 원칙적으로 6개의 이슈가 마무리되기 전에는 퇴근을 하지 않는다.

대부분 김 팀장의 의지와 같이 일이 잘 풀려 6개의 과제가 다 해결되지만, 그렇지 않는 경우도 종종 있다. 당일의 목표에 대해 지나친 욕심 때문이다. 6가지 해야 할 일은 철저하게 그 해의 목표와 연계되어 있다. 연간 목표와 금일 하는 일이 따로따로이면 성과는 높게 창출되지 않는다. 매일 6개의 해야 할 일을 정해 일 처리를 해나가다 보면, 어느 순간 중요한 일의 처리로 인하여 일하는 방식을 습득하게 되고, 일의 완급을 조절하는 역량을 보유하게 된다. 무엇보다 비즈니스 영향력이 높은 업무를 처리하다 보니 상사로부터 신뢰를 받게 된다. 일의 몰입이 높아지는 것은 당연하다.

김 팀장은 일을 하면서 가능한 한 중복을 하지 않는다. 하나의 일을 마무리하고 다른 일을 시작하는 습관을 가지고 있다. 이 일 저 일을 하면서 책상이 지저분한 사람을 이해하지 못한다. 매일 6가지 일을 선정하고 마무리하는 것을 팀원들에게 보임으로써 팀원들은 김 팀장이 무엇을 하고 있고, 어느 수준인가를 알게 되기 때문에 자연스럽게 일하는 방법을 알려주는 롤 모델이 된다.

일을 재미있게 하다

우리는 몇 살까지 일을 할까? 혹자는 60살이라고 한다. 하지만 수명이 늘어 정년이 60살 이상 되는 기업이 있다. 우리나라의 평균 연령이 80살이 넘었으니, 지금 40을 넘은 직장인은 80살까지는 일을 해야 한다. 사람들 대부분은 인생의 1/3인 30세 이전까지는 힘들게 공부하면서 보낸다. 그 결과 직장과 결혼을 하게 되고, 30~60살까지의 중반부 생활이 너무 즐겁다 보니 마냥 이 시간이 지속되리라 믿고 인생의 중반부에서 성장을 멈추는 사람도 있다. 그들은 남은 인생의 후반부인 30년을 준비하지 못한다. 인생의 초반부에 준비한 공부가 인생의 후반부까지 가지는 못한다.

정년을 맞이하는 선배에게 무엇이 지금 힘들게 하느냐고 물으면 3가지는 거의 공통이다. 첫째, 노후설계가 안 되어 있다는 것이다. 앞만 보고 살아 온 세대이다. 먹고 살기가 급해 가정과 집밖에 없었기 때문에 취미라 할 것이 없다. 산이나 강에 다니는 것도 하루 이틀이지 집에서 아내의 구박을 받으며 지낼 생각이 끔찍하다고 한다.

둘째, 돈이 없다고 한다. 급여가 통장으로 입금된 그 뒤부터 모든 재정권을 아내가 갖고 있다 보니 선배는 돈이 없다고 한다. 퇴임 후 동창모임도 가기 힘들 것이라고 한탄한다. 비자금을 모으지 못한 것이 후회된다고 한다.

셋째, 아직도 취업을 못 한 자식을 보면 안쓰럽고 화가 난다고 한다. 못 배운 것이 한이 되어 자식은 서울에서 공부시켰지만 대학 졸업 후 아직도 취업을 하지 못하고 집안에 있는 자식을 보면 더 근무해야겠다는 생각이 든다고 한다. 살아갈 30년은 생각도 하기 싫다고 한다. 60살이 넘어 죽는 그날까지 재미있게 삶을 살아가는 방법은 무엇일까?

김 팀장은 퇴임 후 직업이 없이 집에서 일 년을 보내는 모습을 상상해 본다. 아내는 집 안에 있는 남편을 고운 시선으로 대하지 못할 것이다. 아이들도 평소에 대화도 하지 않던 아버지가 방 안에 있으니 힘들 것이다. 찾는 이도 없고 갈 곳도 없고. 한 달에 600만 원 이상을 벌었는데, 막상 직업을 구하러 여기저기 다녀도 100만 원 주는 일자리도 없는 자신의 모습을 상상해 보았다.

회사가 망하고 다른 회사에 합병되어 구조조정 된 직원들이 몇 년이 지나 회사가 정상화되어 복직된 후에 쓴 자서전에는 이런 글이 있다. '마치 시베리아 벌판 한가운데 서 있는 느낌이었다. 회사가 다시 불러 주겠다는 약속을 믿고 나는 핸드폰을 손에서 놓은 적이 없었다' 그들이 오랜 기간 어려운 생활을 마치고 복직되었을 때, 회사와 일에 대한 애정과 감사는 남다를 것이다. 그들은 일이 즐겁고 일을 하는 자신의 모습이 대견스럽기만 할 것이다. 어려움을 겪은 후에 일을 하는 고마움을 느끼기보다는 일 그 자체를 즐기는 사람이 됨이 어떨까?

일 그 자체를 즐기는 사람은 어떤 모습을 보여 줄까? 김 팀장은 일이 즐거운 사람은 일 속에서 보람을 느끼며, 자율적으로 일을 한다고 굳게 믿는다. 일이 즐거운 사람은 일 속에 의미를 부여한다. 시골 5일 장터에 가보면 물건을 파는 할머니들의 표정이 다르다. 어느 분은 신세를 한탄하듯 물건을 팔고, 어느 분은 혼신을 다해 물건을 판다. 혼신의 힘을 다하는 분에게 발이 간다. 일식집에 들어가면 큰 소리로 "어서 오세요." 하며 밝게 맞이하는 집이 있다. 왠지 생선이 싱싱하다는 느낌을 받는다. 더 일을 즐기는 사람의 모습은 어떨까? 일을 즐기는 사람은 주어진 일에 의미를 부여하고, 그 속에서 자신을 하나로 만드는 사람이다.

조직장은 일을 즐기는 사람이다. 조직장은 방향과 전략을 세우고. 일을 결정하고 이끄는 사람이다. 그러나 그 이전에 일을 즐기는 사람이다. 조직장은 일을 즐기고 그 즐거움을 주위 사람들에게 전파하여 함께 일을 추진하는 사람이다. 아무리 힘들고 어려운 일이 있더라도 조직장은 그 일을 보다 즐겁게 하기 위해 노력하며 실천하는 사람이다. 일이 즐겁기 때문에 어려움을 느끼지 못한다. 강한 실행력의 원동력은 즐기는 것이라고 김 팀장은 굳게 믿는다.

목표에 대한 조감도를 그려라

세계적인 중견 기업 '마이다스 아이티'가 있다. 이 회사의 주력 제품은 바로 대형 건물의 조감도이다. 컴퓨터로 완공되는 건물이나 다리 등 건축물의 모습을 입체적으로 보여 준다. 이 분야 세계 1위 기업이다. 이 회사의 업의 비결은 미리 보는 완벽한 축소이다. 조감도를 보며 어느 부분을 어떻게 조정할 것인가 결정한다. 만약 이러한 조감도가 없으면 구체성이 떨어지고 감에 의한 의사결정이 이루어져 시간이나 비용에 많은 차질을 가져올 가능성이 높을 것이다.

일을 하면서 각자 익숙해진 나름대로의 프로세스가 있다. 상황을 분석하고 대안을 찾고, 대안 중에서 장단점을 고려하여 최적안을 선정하고 이 안에 대한 실행 계획을 가져가는 프로세스를 많은 사람들이 이야기한다. 그러나 일을 잘하는 사람은 일을 하는 방법이 다르다. 현실을 기반으로 순차적으로 무엇을 할 것인가 의사결정을 하기보다는 역으로 생각한다. 일을 통해 얻게 될 가장 바람직한 모습을 상상한다. 그 모습을 기반으로 이의 달성을 위해 어느 것이 달성되어야 그 모습이 되는가를 결정하고 로드맵을 그린다. 순차적 프로세스를 쫓는 사람들은 순차의 늪에 빠져 일정이 늘어날 가능성이 높다. 어느 단계가 길어지면 어느 사유 때문에 늦어졌다는 핑계를 찾게 된다. 이러다 보니 최종 결과물은 한없이 늦어지게 된다. 일이 잘못되거나 지연되었을 때, 책임지는 사람은 한 명도 없고 부실만 키우는 셈이 된다.

목표에 대한 조감도는 고민의 산물이다. 일을 시작하면서 그 일의 바람직한 모습을 구체적으로 그리고 달성하기 위해 명확한 계획을 중심으로 일정을 짜나가는 것은 기본 중의 기본이다. 일이 떨어짐과 동시에 별도의 구체적 목표와 계획 없이 무조건 추진해 나가는 사람은 없다. 무엇을 어떻게 가져갈 것인가에 대한 고민이 필요하다. 이러한 고민엔 크게 두 가지 접근 방법이 있다. 하나는 큰 틀의 목차를 정하고 이 목차를 중심으로 자료들을 맞추어 가는 방안이다. 다른 하나는 원하는 과제(이슈)를 해결하기 위한 방안들을 생각나는 대로 작성한 후, 이 작성한 내용들을 같은 내용별로 묶어 이 영역별로 세분하여 해야 할 것들을 찾는 방법이다. 하고자 하는 목표가 분명하고 해야 할 것이 명확하다면 역량이 다소 부족하더라도 해낸다. 그러나 해야 할 큰 그림이 그려져 있지 않으면 구체적 방안에 몰입되어 큰 그림을 그리지 못하고 결국 성을 지으려다가 기와집 짓는 형상을 낳는다.

목표에 대한 조감도는 큰 그림과 세심함의 조화이다. 조감도를 그리는 것은 길고 멀리 보며 큰 그림을 그릴 수 있는 역량이 되어야 한다. 조감도는 미래에 대한 커다란 시뮬레이션이다. 전문 소양이 없으면 그릴 수 없다. 큰 그림을 그렸으면 하나하나 세심함이 요구된다. 무엇을 언제까지 어떻게 할 것인가에 대한 구체적인 추진안이 없다면 결론을 만들어가기 어렵다.

제대로 일하는 것과 일을 제대로 하는 것

중요하고 덜 긴급한 일을 해라

김 팀장이 구성원에게 강조한 말은 두 가지이다. 하나는 "이 일을 통해 얻고자 하는 것이 무엇이냐?" 다른 하나는 "그 일이 회사와 개인에게 어떠한 성과를 창출하느냐?"이다. 사실 중요하지 않은 일에 열중하여 중요하고 긴급한 일을 하지 못할 때도 있고, 제대로 일을 해야 하는데, 본인은 일을 제대로 한다고 생각하면서도 하찮은 일에 매달리기도 한다. 어떤 이는 해야 할 일이 산처럼 쌓여 있는데, 한 가지 일에 완벽을 기하고자 그 일에만 시간과 노력을 투자한다. 이런 사람들을 보면 조직장은 화가 날 수밖에 없다.

구성원만 나무랄 일이 아니다. 임원들이라면 비전과 전략을 구상하고, 과업의 방향과 큰 틀을 잡아주며, 구성원 육성과 외부 네트워크 강화에 많은 시간을 활용해야 한다. 그렇지만 대부분의 시간을 과정 그 자체에 빠져 일상적이고 단순한 업무에 매달려 있다. 제조업의 현장에서부터 성장한 엔지니어 출신의 임원이라면, 5가지 공정을 갖고 있는 일을 할 때, 모든 공정이 순차적으로 완벽하게 추진되어야 한다고 거의 대부분 생각한다. 하나하나의 공정이 완벽하게 끝나야 다음 공정으로 넘어간다고 생각한다. 그러나 경영학을 전공한 신입사원이 현장의 일 처리되는 모습을 보면 답답한 일이다. 2번째 공정까지만 하고 3번째 공정을 건너뛰고, 4번째 공정은 가볍게 하고 1, 2, 5번의 공정에 좀 더 시간과 노력을 기울이면 더 성과가 날 것 같은 데, 할 수가 없다. 시키면 시키는 대로 하라고 한다. 해보지도 않고 무조건 큰일 난다고 한다.

일을 제대로 하는 것과 제대로 일을 하는 것은 분명 다르다. 1~5 공정을 철저하게 순서에 의해 해 나가는 것은 일을 제대로 잘하는 것이다. 그러나 일의 효과와 성과를 생각하고 과정을 단축하고, 시간과 노력을 줄일 수 있는 부분을 과감하게 줄여 새로운 가치를 창출하는 것은 제대로 일을 하는 것이다.

제대로 일을 하려면, 일을 하는 사람에게 일을 바라보는 두 가지의 역량이 필요하다. 하나는 이 일은 나의 일이라는 천직의식이다. 일을 하면서 이 일을 통해 사람들이 기뻐하는 모습을 생각하며 미소 지으며 일을 해야 한다. 자신의 일에 주인의식이 있어야 한다. 다른 하나는 개선하며 창조하려는 혁신의지이다. 지금껏 해온 일을 보다 개선할 수 있는 방안이 있는지 고민해야 한다. 다른 회사는 어떻게 하고 있는지 벤치마킹도 해야 한다. 가장 혁신적인 토요타가 가장 많은 벤치마킹을 하는 회사이다. 여러 서적이나 자료들을 취합하여 고민하고 연구하여 새로운 방법을 생각해 내는 행동이 바로 제대로 일을 하는 사람의 마음가짐이다. 이 같은 마음가짐과 자세를 제도화할 수도 있겠지만, 쉽지 않다. 조직의 문화로 자리 잡도록 해야 한다. 경영층부터 전 관리자가 솔선수범하며 선배에 의한 후배 지도가 생활화되어 있어야 한다.

김 팀장은 가장 힘든 직원은 시키는 일만 해내는 구성원이라고 한다. 이러한 구성원은 시키지 않는 일에 대해서는 관심이 없다. 그 결과 개선이 일어나지 않고, 차려진 밥상에서 밥만 먹는 어린아이 수준이 된다. 그 구성원이 회사 근무 기간이 많은 직원이라면, 그 회사는 망해가고 있다고 봐도 과언이 아니다. 구성원들이 새로운 시각에서 문제의식을 갖고 회사의 지속적 성장과 발전을 위해 부단히 제안을 해야 한다. 긍정적 제안을 많이 하는 회사는 생존할 수 있다. 그러나 모든 구성원이 마음속으로만 생각을 하며 표출하지 않는다면 그 회사의 경쟁력은 갈수록 약화될 수밖에 없다. 김 팀장은 조직장이라면 구성원이 제대로 일을 하게 하기 위해 일에 대한 천직의식과 문제의식을 항상 심어 주어야만 한다고 강조한다.

일의 전문성은 기본이다

김 팀장은 금번 임원 후보자로 경영층과의 인터뷰를 받았다. 여러 질문 중에 "임원은 어떤 역량을 가져야 하느냐?"라는 질문이 있었다. 김 팀장은 전문성, 의사결정력, 인격이라고 대답했다. "왜 전문성인가?"라는 압박 질문에 김 팀장은 전문성을 갖춘 임원의 한마디는 그 무엇보다도 영향력이 있다는 점을 역설했다.

관과 공기업의 인사이동을 보면 조직장의 경우 대부분 3년 이내에 다른 직무로 이동한다. 이동이 잦다는 것이 나쁜 것은 아니지만 직무의 연속성 차원에서 보면 우려되는 점이 많다. 세계는 갈수록 전문성을 강조하고 있다. 그만큼 경쟁이 치열하기 때문에 자신의 직무에서 전문성을 높여 그들과 경쟁해야 한다. 그러나 현실은 직무를 고려한다고 하지만 실질적으로 비연관 직무순환이 이루어지고 있다. 재무 공부를 하나도 하지 않은 인사 담당자를 재무 직무로 보내고, 영업 현장에서 성장한 사람이 전혀 연관이 없는 IT, 기획, 심한 경우 제조현장에서 근무한다. 순환 근무가 철학과 원칙이 없이 순환 자체의 의미만 살아 있어 전문성을 쌓을 수 없게 만든다. 이들 기관은 직무순환을 하면서 폭넓게 업무를 알아야 한다고 강조한다. 한 곳에 오래 머물면 썩게 되고 부정을 행할 가능성이 높다고 한다. 의심이 나면 뽑지 말고, 뽑았으면 의심하지 말라는 말이 와 닿는다.

전문성 있는 임원의 앞을 보는 말을 직원들은 따르게 된다. 사무직에 근무하는 직장인의 업무는 보고서로 시작한다. 보고서에 자신의 주장을 담고 상사에게 보고를 통해 자신의 생각을 펼친다. 상사와 생각이 같지 않을 때는 여러 번 보고서를 고치게 되는데 상사가 단 한 명이라면 수정하기가 쉽다. 그러나 상사가 여러 명이면 올라갈수록 조율하기 어려울 때가 있다. 올라갈 때마다 보고서가 수정되면 담당자의 마음고생은 심해진다.

직장인들은 이렇게 보고서가 많이 수정될 때마다 그 횟수를 기록한다. 버전1, 버전2……, 이러다 보면 버전20에 달할 때도 있다. 20번 넘게 보고서를 수정하다 보면 이것이 누구 생각인지 중요하지 않다. 그냥 수정하라고 하면 수정하는 극히 피동적인 자세로 임한다. 어렵게 보고서가 경영층에 올라갔을 때, 이것을 통해 얻고자 하는 것이 무엇이며, 향후 이 업은 이런 방향에서 이렇게 변화될 것인데, 왜 이런 결정을 했느냐? 회사의 전략은 이 방향인데 다른 방향으로 결정한 사유가 무엇이며 이 보고서가 회사에 어떤 이익을 줄 것이라고 생각하느냐? 등의 질문을 받으면 담당자는 할 말이 없다.

중간 관리자들에게서 들어보지 못한 지적이었고, 자신이 알지 못하는 영역이었기 때문이다. 경영자의 전문성을 바탕으로 한 냉철한 지적에 담당자는 보고서를 들고 나오면서 여러 마음이 교차한다.

"담당자가 일을 함에 있어서 가장 중요한 것은 자신의 철학, 원칙이다. 이것이 무너지면 그냥 하라는 것을 그대로 수행하는 사람으로 전락한다. 영혼 없는 일을 하고 싶은가? 명확한 논리를 가지고 상사를 설득하되, 회사가 지향하는 방향과 전략을 알고 이에 기여할 수 있는 일을 추진하는 것이 담당자이다."라는 말이 머리에서 떠나지 않는다. 임원은 조직의 구성원에게 전문성을 바탕으로 보다 큰 그림을 그려줄 수 있어야 한다. 구성원은 그 임원의 말 한마디를 믿고 일을 추진하게 된다.

업무의 방향 설정과 업무분장

목숨을 건 진검 승부에서는 잠시의 방심이나 조그만 실수가 곧 죽음이기 때문에 매 순간 긴장하지 않을 수 없다. 프로는 항상 최선 그 이상의 성과를 생각하며 일을 추진한다. 이들이 일을 추진하는 원칙은 의외로 단순하다. 일을 통해 얻고자 하는 부분과 그것의 파급효과를 생각하며 큰 그림을 그린다.

이들은 결과 중심의 사고를 한다. 가장 큰 효과를 내기 위하여 어떤 방향과 방안으로 일을 처리해야 하는지 프로세스를 정한다. 프로세스별로 완성되어 가는 모습을 상상하며 가능성을 타진한다. 뭔가 안 되는 부분이 있으면 원인을 상상한다. 프로세스의 흐름에 막힘이 없으면 프로세스별 과업들을 생각한다. 이들은 협업을 할 줄 안다. 프로세스별 해야 할 업무를 나눈 과업들을 누가 가장 잘할 수 있는가 매칭시킨다. 이 과업은 A팀의 홍 과장이 전문가이고, 이 과정은 B팀의 김 차장이 충분한 자료와 경험을 가지고 있음을 안다. 이들은 각 분야의 전문가 또는 일 잘하는 사람들의 수준을 꿰고 있다. 평소 인간관계를 좋게 맺어 언제든지 부탁하면 바로 도움을 줄 수 있도록 관리한다.

김 팀장이 가장 우선시하는 업무의 원칙은 바로 방향 설정이다. 업무를 어느 방향으로 하느냐에 따라 그 결과는 판이하게 달라진다. 방향 설정이 중요하기 때문에 김 팀장은 상사, 경쟁사 그리고 전문가들의 의견을 청취한다. 김 팀장은 개인적으로 HR전략연구회를 만들어 교수, 전문가, HR담당 조직장, 언론인 중심으로 매달 한 번 모여 주제발표와 토론을 하며 저녁을 함께한다. 20명으로 구성된 연구회에는 특별한 일이 없는 한 전원 참석하며 그만큼 정보 공유와 사전 조율의 중요한 모임으로 자리잡아가고 있다. 김 팀장은 이 모임에 해야 할 일을 사전 과제로 올려 각 전문가들의 의견을 듣고 방향을 결정하는 데 활용한다. 일의 방향이 결정되면 큰 그림을 그리고 이어 프로세스별 과업을 쪼갠다. 과업별로 사내에서 가장 잘할 수 있는 사람을 찾아 작업을 요청한다.

김 팀장의 팀원들에게 대한 업무분장 방법은 독특하다. 통상적으로 HR Function인 채용과 퇴직, 평가, 보상과 복리후생, 인재개발, 노사, 승진과 이동이 아닌 프로젝트별 단기 업무분장을 가져간다. 프로젝트별로 프로젝트 조직장을 먼저 선정하고, 이 조직장이 함께할 사람들을 모아 프로젝트 총 소요 일수 내에서 일정 일수를 분

할하여 업무를 함께 수행하는 방법을 택한다. 프로젝트에 포함되지 않은 팀원은 개인 과제를 하거나 공식적으로는 쉬는 모습이 된다. 일을 잘하고 기획력과 문제해결능력이 뛰어난 팀원은 많은 프로젝트에 참여하며 자신의 역량과 성과를 인정받을 수 있지만, 역량이 떨어지는 팀원은 개인 과제를 도출하여 혼자 수행할 수밖에 없다. 다만, 입사 2년차 이내는 차장을 멘토로 하여 차장이 수행하는 프로젝트에서 업무를 배우며 돕는 기간을 설정하여 운영하고 있다.

많은 기업들은 업무의 난이도와 중요도에 따라 연공서열이나 직급이 고려된 업무분장을 실시한다. 어느 방법이 옳다고 할 수는 없지만, 전문성이 강하고 변화가 많은 IT기업이나 연구소는 프로젝트별 업무분장을 가져가는 것도 좋은 방법이라 생각한다. 지금까지 해왔으니까 아무 생각 없이 관습에 따라 하는 것보다는 새로운 방법에 대해 충분히 고민하고 실행하는 것이 옳다고 김 팀장은 생각한다.

엄격하면서도 공정한 평가와 피드백

잘못된 평가는 조직과 개인에게 갈등을 유발하고 일에 대한 사기 저하는 물론 평가자에 대한 불편한 관계가 오랜 기간 지속되게 하여 성과에 지대한 악영향을 남긴다. 그동안 승진예정자에 대한 몰아주기 평가, 성과보다는 관계가 우선시 되는 평가, 목표와 과정을 고려하지 않고 결과만 가지고 하는 평가, 성과와 무관한 돌려먹기식의 평가에 조직의 팀워크가 무너지고, 심지어 사원들이 회사를 떠나는 경우를 목격한 김 팀장은 조직장이 되자마자 평가에 대한 자신의 방침을 팀원들에게 공지하였다.

김 팀장은 공정한 평가를 위해 4단계로 평가체계를 정립하고 공유 및 추진하였다. 첫째, 목표설정이다. 목표는 팀이 수행해야 할 목표와 과제를 중심으로 구성하여 팀장이 개인에게 부과하고, 개인은 이 목표를 중심으로 유지과업, 개선 및 도전과업을 설정하도록 하였다. 과업별로 가중치와 평가척도, 월 추진계획, 마감기한을 구체화하고 팀장과 목표합의서를 작성하여 각자 1부씩 보관하기로 하였다.

둘째는 과정관리이다. 공식적으로는 매월 1회 목표에 따른 진척률에 대해 면담을 실시하고, 수시로 과업의 추진상황과 애로사항을 이야기하도록 하여 목표가 순조롭게 진행되도록 하였다. 새로운 상황이 발생하여 목표가 수정될 때에는 면담을 통해 조정하고 목표합의서를 수정하였다. 과정 관리 중에 탁월한 추진을 하는 팀원에게는 좀 더 도전 과제를 부여하고, 성과가 떨어지는 직원들은 면담을 통해 업무의 강도를 낮춰 주고 일하는 방식에 대한 조언을 해주었다. 매월 정기면담에서는 실적을 가지고 구체적으로 수준과 기대사항을 피드백 해주었다.

셋째는 평가이다. 평가를 위해 김 팀장은 목표와 기록에 의한 결과 중심의 평가를 기본으로 하되 평가자의 원칙을 강조했다. 먼저 평가등급에 대한 인식을 공유했다. 당초 목표를 최선을 다해 달성한 수준인 100% 달성은 만족 수준인 B에 해당한다고 강조했다. 당초 목표를 120% 이상 획기적으로 달성한 경우가 A이고, 당초 없던 목표였으나, 본인이 자율적으로 제안하고 추진하여 획기적인 성과를 얻은 경우가 S라고 명시했다. 당연 목표에 미치지 못한 경우는 그 정도에 따라 C와 D를 부여한다고 했다. 또한 일의 양이 일할 수 있는 연간 일일 업무시간(통상 230MD)에 비해 초과되느냐, 유사하느냐, 부족하느냐도 평가 기준이 된다고 했다. 그리고 동일한 성과라면 직급이 높은 사람에 비해 직급이 낮은 사람이 좋은 평가를 받는다고 설명했다.

넷째로는 평가 결과의 활용이다. 김 팀장은 평가 결과를 보상, 승진, 이동, 육성, 나아가 퇴직에 그대로 반영하겠다고 강조했다. 평가를 좋게 받았지만, 보상은 낮게 받고 승진을 하는 등 사람이 처한 상황에 따라 활용을 달리 하는 경우는 없도록 하겠다고 강조했다. '성과가 있으면 보상이 있고, 이러한 보상은 성과급 등 금전적 보상뿐 아니라 승진과 우수 프로그램에 참여하는 육성, 좋은 부서로 이동할 수 있는 기회를 포함한다'는 것이 김 팀장의 지론이었다.

김 팀장은 이러한 원칙을 강조하고 평가의 공정성을 높이기 위해 평가이의제도를 운영하겠다고 했다. 본인의 평가에 대해 불만이나 아쉬움이 있으면, 먼저 본인에게 이야기하고 그래도 납득되지 않는다면 인사부서에 이의제기를 하라고 말했다.

한 사람의 승진은 직장인에게 무엇보다 중요하다. 하지만 한 사람을 승진시키기 위해 또 다른 사람들이 달성한 성과를 몰아주며 그들에게 '너도 언젠가는 승진 시기가 올 것이며, 그때는 똑같이 이렇게 할 것이다'는 이야기로 성과를 가로채는 일은 없어져야 한다고 김 팀장은 생각했다.

김 팀장이 평가체계를 설명하고 평가를 시작한 후 1년이 되었을 때, 팀원들이 평가에 대한 의미를 명확하게 인식하고 자신의 성과를 높이기 위해 더욱 노력한 결과, 김 팀장의 부서는 당초 목표의 130%를 달성하여 조직평가 1위를 달성하였고, 그 결과 개인평가에서 C등급을 받은 사람이 한 명도 없었다.

상사 설득

경영본부장인 이 전무의 별명은 '버럭'이다. 자신의 의중을 헤아리지 못한 보고서에 대해서는 담당자를 불러 버럭 고함을 치기 때문에 구성원들은 이 전무에게 보고하러 가기를 꺼린다. 회사의 전략, 재무, 인사총무, 홍보 업무를 총괄하는 이 전무에게는 매일 보고서가 쌓인다. 이 전무는 가능하면 팀장 선에서 전결하고 중요한 보고만 하라고 강조하지만, 모든 팀장들은 이 전무에게 사소한 것까지 보고한다. 보고하지 않고 추진한 업무에 문제가 생기면 책임을 져야 하기 때문도 있지만, 보고하지 않은 이슈에 대해 왜 보고하지 않았느냐는 이 전무의 호통을 경험한 후에는 특히 그렇다.

이 전무는 꼼꼼하기로 유명하다. 모든 보고서를 세심히 살피면서 오탈자가 있으면 정성이 부족하다며 혀를 찬다. 보고를 하는 팀장이나 담당자의 얼굴이 붉어진다. 보고서 중간 중간 질문을 하고 대답을 못 하면 바로 추궁한다. 이런 기본적인 데이터를 알지 못하는 것이 말이 되냐고 한다. 이 전무가 호통을 친 날에는 다른 팀장들은 보고하기를 꺼린다.

김 팀장은 이 전무에게 가장 쉽게 결재를 받는 유일한 팀장이다. 다른 팀장들이 보면, 이 전무는 김 팀장을 편애하는 듯하다. 심지어 이 전무가 보고서를 대충 보고 "좋았어, 역시 김 팀장이야." 하며 사장님에게 보고하라고 맡겨버리기까지 한다.

재무팀의 이 팀장이 하루는 김 팀장을 찾아가 어떻게 버럭이한테 그렇게 쉽게 결재를 받느냐고 그 비결을 물었다. 김 팀장은 먼저 상사를 존경하고 상사의 마음을 이해하도록 노력하라고 말을 꺼낸다. 상사가 생각하는 것보다 한 발 앞서 생각하고 행동하라고 했다. 상사의 나쁜 점을 보지 말고 상사가 왜 이 일을 해야 하며, 어떤 성과를 내야 하는가를 고민하면서 보고서를 작성해야 한다는 것이었다. 가장 중요한 것은 상사 설득인데 이것은 4단계로 이루어진다고 했다.

첫째, 일의 구상단계이다. 뭔가 해보고 싶은 일이 있을 때, 구체화하지 않은 상태에서 막연하나마 이런 일을 하면 어떻겠냐고 가볍게 이야기한다. 식사 시간이나 휴식시간 등 다소 여유 있는 시간에 "전무님, 제가 이런 아이디어가 있는데, 만약 추진하면 이런 효과가 예상됩니다. 한번 추진해 볼까요?" 정도의 접근이다.

둘째, 일의 초기 진행이다. 전무가 하라고 하면 한 장의 Sketch paper를 작성하여 목적과 간단한 일의 프로세스를 적어 '어제 말씀

드린 사안에 대해 이런 목적으로 이런 절차를 따라 수행하면 이런 효과가 예상된다'는 식의 개략적인 보고를 한다.

셋째는 중간보고 전 단계로 목차별 이슈와 주요 내용을 정리하고 일의 진행과 예상되는 문제점 또는 성과 등에 대해 이야기한다. 이 단계에는 구체화하는 단계인 만큼 이 전무의 지원이 필요한 사항에 대해서는 사전에 협조를 부탁한다.

넷째, 중간보고와 중간보고 이후의 이슈에 대해 정리하여 최종 보고를 예쁘게 꾸미는 단계이다. 통상 일을 처리하다 보면, 중간보고 단계에서 대부분이 이루어진다. 중간보고서가 완성되어 향후 추진내용에 대한 보고를 마치면 최종보고는 예쁘게 다듬는 수준이 된다. 이렇게 정리된 보고서에 대해서는 깊이 볼 이유가 없다. 일의 초기부터 마무리까지 중간 중간 보고를 받고, 자신의 시간을 투입한 만큼 신뢰가 생긴 것이다.

김 팀장도 어려움이 있다. 어떤 사안에 대해서는 이 전무와 의견을 달리하는 경우가 발생한다. 이 경우, 김 팀장은 이 전무의 지시사항을 검토하고, 자신의 의견과 종합·정리하여 다시 안을 작성한 후 가져간다. 이 전무가 자신의 주장을 굽히지 않으면, 회사의 이익 관점에서 다시 한번 보고서를 정리하여 보고하고 그래도 안 될 때에는 최대한 기일을 미루다가 한 번 더 이 전무의 생각을 묻고 변함이 없으면 이 전무의 생각대로 일을 추진하되 리스크 요인을 최대한 앞단에서 예방할 수 있는 장치를 마련한다.

김 팀장은 어떠한 경우에도 아랫사람은 상사를 존중하며 상사를 높게 올려야 한다고 생각한다. 상사의 전략이나 방안 및 의사결정이 잘못되었을 때에는 예의를 갖추어 진언을 하되, 도를 넘어서는 안 된다고 생각한다. 항상 한 발 앞선 생각과 행동을 하되, 상사를 건너뛰는 일과 상사를 욕보이는 일은 해서는 안 된다고 스스로에게 다짐한다.

결론을 내는 회의

회의가 잘되는 회사는 없다. 많은 기업들이 회의 337운동, 모래시계, 서서 회의 등 많은 회의개선 노력을 하지만 보통은 일시적으로 개선될 뿐이지 지속적으로, 효율적으로 운영된다는 말은 들은 적이 없다. 효율적 회의를 방해하는 많은 요인들이 있다. 일반적으로 자료 준비, 공지 시간, 참석자 선정, 장소 등 사전 준비가 철저하지 못해 비효율이 발생되는 경우와 진행자의 미숙, 회의 목적과 주제에 대한 숙지 부족, 전문가 아닌 사람의 참석, 말 못 하게 하는 분위기, 아이디어 없는 무책임한 대화, 상대 의견에 대한 무시, 정리와 결론 없이 주관자 마음대로 끝내는 분위기 등으로 인해 회의가 실패하는 경우가 있다. 또한 회의 결과에 대한 송부가 잘 안 되거나, 누가 언제까지 책임지고 추진할 것인가도 결정하지 못하거나, 다음 일정을 잡지 못하고 파행되거나, 회의록마저 작성하지 않는 시간 낭비성 회의도 많다. 김 팀장은 회사가 성장하기 위해서는 올바른 회의문화를 정착시켜야 한다는 생각으로 먼저 회사의 회의 문화의 병폐 10가지를 파악하였다.

① '내 말이 곧 법이다' '하라면 해' 식의 일방통행형 회의 운영
② 주관부서의 이야기가 끝나자마자 이어지는 침묵
③ 대표이사나 의사결정자가 없으면 그 어떠한 의사결정이 되지 않는 회의
④ 회의에 대신 참석했고, 아무 말도 안 했는데 수고했다고 하는 분위기
⑤ 회의 시에는 침묵을 지키다가, 실행 시에는 비판하는 구성원
⑥ 회의 주제에 무관한 이야기가 이어져 모두가 마음속으로 언제 끝나나 기다리는 비효율
⑦ 아이디어를 낸 사람이 그 실행에 대한 책임을 지는 관례
⑧ 일방적 회의 통보와 일방적 불참
⑨ 회의장에서 받아 보는 회의 자료
⑩ 결론 없이 한 말을 반복하는 회의

김 팀장은 이러한 회의 병폐를 바로잡기 위해 별도의 T/F조직을 구성하여 회의 효율화 5개 방안을 마련하여 전파하였다.

첫째, 모든 회의는 3일 이내에 자료를 포함하여 공지한다. 단, 부득이한 경우에는 최소 1일 전 전송한다.

둘째, 회의 정리 템플릿을 작성하여 모든 회의 결과와 추진 부서 및 일정을 적어 공유한다.

셋째, 모든 회의는 1시간을 넘을 수 없으며, 회의 자료는 1주제 당 3매를 넘을 수 없다.

넷째, 브레인라이팅 방식을 도입하여 의견을 구하거나, 자유스런 분위기에서 의견을 개진한다.

다섯째, 모든 회의는 전문가가 참석하며, 회의에 기여하지 못하는 사람은 참석을 배제시킨다.

김 팀장은 이러한 5가지 원칙을 전 부서에 공지하고, 각 부서별 퍼실리테이터 교육을 실시하였다. 30여 차례의 교육이 끝나고, 회의 체크리스트에 의거 진단을 해 보았다. 각 부서의 회의 기획과 운영 및 결과 관리에 개선된 모습이 많이 보였다. 시간의 중요성이 강조되고, 회의가 효과적으로 운영되다 보니 자연스럽게 회의 결과에 대한 실행과 결과 처리 기한이 대폭 개선되었다. 회의는 꼭 필요한 경우가 아니면 개최되지 않고, 참석하는 사람들도 최고의 전문가가 참석하여 열띤 토론 속에 결론을 도출하였다. 무엇보다 개선된 것은 회의 중 침묵을 지키다가 돌아서면 반대하며 실행을 하지 않던 냉소주의가 사라진 것이다.

사장이 붙잡는 김 팀장

직원의 시장 가치를 올려 줘라
한 사람 한 사람에게 진정한 관심을 보이다
상사 보좌와 보완
공과 사를 분명히 한다
후계자 선발과 유지관리
육성? 현장의 일을 통해 성장하다
진정한 질책을 하다
조직장은 구성원이 성과를 내도록 지원한다
적재적소 배치
영원한 과제 인맥관리

PART 5

사람 관리

직원의 시장 가치를 올려 줘라

직장생활 33년차인 김 차장은 매우 근면 성실하다. 사람들은 김 차장을 평할 때, 법 없이도 살 수 있는 몇 안 되는 사람이라며 그의 순수한 마음을 칭찬한다. 문제는 업무 성과이다. 김 차장은 차량관리를 주로 해왔는데, 차량업무가 아웃소싱되고 사무직으로 직무가 바뀌었음에도 PC 조작능력이 떨어지고, 과제를 분석하고 체계적으로 문제를 파악하여 보고서로 작성할 수 있는 기획력이 수준 이하였다. 회사가 온정적 문화를 가지고 있기 때문에 퇴직을 권유하지 못하고 교육관리 수준의 뒤에서 지원하는 매우 낮은 업무를 부여하고 있다. 하지만 회사는 아직 호봉제로 김 차장은 팀의 가장 고참이며 급여 수준은 신입직원의 2배를 넘었다. 이전의 팀장들은 김 차장이 성실하고 착한 것은 알지만, 시킬 수 있는 업무가 없다 보니 그냥 좋은 것이 좋은 것이라고 사실상 방치하고 있었다.

김 팀장은 부임하여 팀원들과의 면담을 통해 앞으로의 계획이나 애로사항에 대해 이야기를 들었다. 대부분 지금까지 팀장의 업무 지시에 따라 성실히 수행해 왔을 뿐, 회사의 비전과 전략과 연계하여 자신의 업무를 어떻게 이끌어 가야 하는가에 대한 생각이 없었다. 5년 후는 고사하고 당장 올해 어떤 목표로 이런 과제를 추진하겠다는 말이 없다. 팀의 비전과 전략에 대해 물어보니 대답하는 사람이 없다. 각자 지금 하고 있는 업무를 적어오라고 하니 기존에 해왔던 업무의 수행 수준이었다. 팀원들은 팀장의 지시에 익숙해져 있고, 개선이나 도전을 한다고 하지만 그것은 기존 업무의 연장선 수준이었다.

구성원 간의 소통이나 관계는 개인적인 면에서는 좋은 편이었고, 가장 연장자인 김 차장도 후배들과 더불어 막걸리도 마시며 이런 저런 담소를 나누는 등 큰 문제는 없어 보였다. 그러나 업무를 추진하는 데 필요한 미팅 또는 새로운 과업에 대한 논의 등은 거의 없었고, 팀에서 가장 일 잘한다고 소문난 정 차장이 중요업무는 도맡아 하는 분위기였다. 팀 내부에서는 정 차장이 차기 팀장으로 내정되어 있으며 정 차장이 요청하는 것은 우선적으로 지원해 주는 상황이었다.

김 팀장은 이런 상태로는 팀과 팀원 모두 경쟁력을 잃고 5년 후에는 조직이 없어지거나, 팀원들이 전문성이 없어 그 누구도 반기지 않을 상태가 될 것이라는 두려움을 느꼈다. 회사의 비전과 전략과 연계하여 팀의 비전과 전략을 수립하는 것이 가장 우선해야 할 일이었지만, 이에 못지않게 팀원 개개인에게 먼저 직무 전문가로서의 마음가짐과 자신의 직무에 대한 직무역량 강화의 필요성, 그리고 어떤 일이라도 높은 성과를 지향하며 실천하여 달성하는 모습을 심어 주는 것도 매우 시급함을 느꼈다.

김 팀장은 팀원을 크게 두 분류로 나누었다. 일단 자신의 직급에 맞는 수준의 역량을 보유한 3명에 대해서는 별도 T/F를 구성하여 팀의 비전과 전략 그리고 10개 방안을 모색하고 방안별 구체적인 실행계획을 수립하라고 했다. 모든 팀원에게 자신만의 프로젝트를 하나씩 제안하라고 하고 한 명 한 명 그 수준과 결과에 대해 피드백해줬다. 매월 과제를 부여했고, 프로젝트의 진행 상황을 파악했다. 영어점수는 각자가 목표 점수를 정해 달성하라고 했고, 제 역할 이상을 하는 3명의 팀원은 자격증을 딸 수 있도록 배려했다. 팀원 모두에게 회사 내 100인 이상의 인맥을 구축하고 외부로는 30인 이상을 연결하는 해당 직무의 네트워크를 구축하라고 했다. 월 1회는 무조건 외부 활동을 통해 시야를 넓히는 활동을 하라고 했다. 6개월이 지난 후, 팀원들 가운데 자격증을 취득하는 사람이 생기고 경쟁력과 가치에 대해 토론하는 것을 김 팀장도 들을 수 있었다.

한 사람 한 사람에게 진정한 관심을 보이다

서울에서 내려오던 김 공장장이 교통사고로 운명하게 되었다. 그날부터 4일 동안 공장의 모든 직원들이 근무가 아닌 시간을 활용해 빈소를 찾아 고인의 명복을 빌었다. 당초 3일장을 준비했으나, 밀려드는 조문객들을 막지 못해 4일장이 되었다. 그들은 한결같이 자신에게 살아가는 의미와 꿈을 준 김 공장장을 그냥 보낼 수 없었다고 이야기했다. 김 공장장은 매일 커피 한 잔과 점심을 함께 먹고 마시며 그들에게 회사와 일의 중요성과 자부심을 심어 주었던 것이다. 5천 명이 넘는 공장 식구들은 김 공장장을 공장장 이전에 형님이고 아버지로 생각하고 있었다.

김 팀장의 팀원 중에 이 과장은 매일 출근과 동시에 책상을 열고, 액자를 보며 파이팅을 외친다. 팀에서 가장 먼저 출근하는 이 과장이 자신이 해야 할 당일업무를 팀 게시판에 적기 전에 반드시 하는 그만의 행동이다. 액자 속에는 이 과장이 가장 존경하고 닮고 싶은 롤 모델인 김 팀장의 사진이 있다. 이 과장은 자신이 왜 회사를 다녀야 하며, 지금 하는 일이 자신에게 어떤 의미를 주는가를 알게 해 준 사람이 김 팀장이라고 한다. 방황하던 때에 가만히 다가와 어깨에 손을 올리며 "힘들지? 정 힘들면 이야기해라. 그러나 오래 가지는 마라."며 격려를 해 주고 목표를 갖지 못하고 하루하루를 무의미하게 보낼 때, 질책하며 목표를 수립해 준 김 팀장이 직장의 은인이라고 생각한다.

지금은 전무가 된 김기태 본부장은 회사 내 모든 조사에 빠지지 않는 것으로 유명하다. 한번은 입문교육을 받는 신입사원이 상을 당하게 되었다. 회사 내 그 누구도 가지 않았지만 손수 조화와 근조기를 챙기고 직접 빈소를 찾아 주변을 놀라게 했다. 김 전무가 팀장이었을 때, A부서에서 B부서로 자리를 옮기게 되었다. A부서 팀원들이 송별식 날 그에게 '1년 후에 가면 안되겠느냐', '우리들이 CEO에게 건의하겠다', '아직 배울 점이 많은데 이렇게 가면 어떡하냐' 등의 말을 하며 울먹였다는 이야기는 회사 내에서도 유명하다. 김 본부장의 생활 철학은 '내 마음 속에 간직된 사람들보다 사람들의 마음속에 간직된 내가 되자'이다.

직장생활을 하면서 자신과 함께 생활하는 팀원들은 모두 성인이기 때문에 한 명 한 명에게 비전 또는 꿈을 심어 주기란 쉽지 않다. 회사는 일을 통해 성과를 내는 곳이라는 인식이 있어, 일을 중심으로 생활하게 된다. 일의 목표를 수립하게 하고, 일이 잘되는지 과정 관리를 하며, 일의 결과를 가지고 평가하는 것을 반복할 뿐이다.

김 팀장의 생각은 달랐다. 직원 한 명 한 명에게 관심을 가지고 꿈을 갖게 하고 그 꿈을 달성하도록 격려하고 지원하면 그들은 더 바람직한 인재로 우뚝 설 것이라는 확신이 들었다. 김 팀장은 한 명씩 불러 60세에 자신의 바람직한 모습에 대해 묻기 시작했다. 대부분의 직원들은 60세 자신이 되고 싶은 모습이 없었다. 김 팀장은 호통을 치며 자신이 되고 싶은 모습을 마감기한을 주고 구체적으로 제출하라고 했다. 팀 전원의 꿈을 알게 된 김 팀장은 올해 그 꿈을 달성하기 위해 자신이 해야 할 3가지 목표와 실천방법 및 달성 수준을 월 단위로 계획하여 제출하라고 했다. 매우 구체적인 직원도 있었지만, 대부분 추상적인 내용으로 적어 왔다. 김 팀장은 한 명씩 수정해 주고 월별 수준과 실천 내용을 확정했다. 요즘 김 팀장은 주 단위로 직원들이 한 내용을 점검하고 피드백 해주고 있다. 직원들은 김 팀장이 자신들이 성장하기를 바라는 마음을 알기 때문에 힘들고 어렵지만, 오늘도 주어진 과제를 수행한다.

상사 보좌와 보완

김 팀장은 팀원들을 모아 놓고 월 1회 실시되는 '팀장 강좌'를 실시한다. 팀장 강좌는 팀장이 팀원들에게 20분 동안 특정 주제에 대해 강의를 하고 10분 동안 질문을 받는 내용으로 이날은 8시 반에 시작하기 때문에 출근이 30분 빨라진다. 처음에는 별 기대하지 않던 팀원들이 이제는 간식을 가져오는 등 적극적이다. 김 팀장은 20분 강의를 위해 파워포인트를 작성하는 등 만반의 준비를 한다. 이번 주제는 '최고의 리더와 제 역할을 다하는 사람'이다. 김 팀장은 강의 시작과 동시에 팀원들에게 "제 역할을 다하는 조직장은 어떤 일을 수행하느냐?"고 질문했다. 팀원들은 주어진 목표를 달성한다, 부하 육성과 지도를 수행한다, 회사의 비전과 전략과 연계하여 업무를 추진한다, 의사결정을 잘한다, 변화의 방향을 읽고 사전에 대처한다 등 평소 김 팀장이 강조한 바를 이야기한다. 김 팀장은 이를 크게 2방향에서 설명하기 시작하였다.

첫째, 자신의 일에 대해서 최고의 리더는 회사의 비전과 연계하여 자신이 속한 조직의 비전을 설정하고 이를 구성원과 공유하며 실천하게 한다. 사업과 경쟁자 그리고 고객을 통해 변화의 방향을 읽고 이에 따른 전략을 수립하고 철저한 계획하에 이를 추진한다. 월별, 주별, 일별 실행방안을 고민하고 구성원이 제대로 이를 수행하는가를 지도하고 육성하며 그 달성 수준과 결과를 이끈다. 일의 실천과 진행과정을 점검하여 보다 나은 성과를 창출하기 위해 노력하되, 자신이 하는 일에 대해서는 자신이 CEO라는 생각을 갖고 최선 그 이상을 다한다.

둘째, 회사에 대해서 리더가 가져야 할 마음가짐은 CEO를 보좌하기보다는 보완하는 사람이 되어야 한다. CEO를 보좌하는 사람은 결코 CEO를 뛰어넘을 수 없으며 지시사항에 대해 수동적으로 실행할 수밖에 없다. 하지만 리더는 보다 주도적이고 자발적이며 CEO가 하지 못했거나 할 수 없는 것을 사전에 조치하여 회사가 지속성장하는 데 기여해야 한다. 리더는 보다 넓은 시각을 가지고 종합적이고 건설적인 의견을 적극적으로 개진해야 한다. CEO의 주장에 맹목적으로 이끌리거나, 옳다는 것을 알면서도 주장하지 못하고, 잘못된 것을 알면서도 지적하지 못해서는 안 된다. 리더는 구성원을 육성할 책임이 있다. 한 명 한 명에게 관심을 가지고 구성원과 조직의 역량 강화를 위해 지도하고 이끄는 사람이 되어야 한다.

김 팀장은 지난 강좌에서는 리더의 품격에 대해 이야기했다. 사실 리더의 역할은 비전제시, 전략적 의사결정, 변화혁신주도, 실행력, 후배 육성 등을 우선적으로 뽑을 수 있지만, 품격을 갖추지 못하면 리더가 아니라고 강조했다. 김 팀장은 리더의 품격을 이렇게 풀어갔다. 관리자에서 임원이 되면 역할이 바뀌는데, 아직 바뀐 역할에 맞는 의사결정이나 언행을 하지 못하고 관리자처럼 하나하나 챙기는 임원도 있다.

임원은 일, 사람, 조직관리에 있어 해야 할 일과 하지 말아야 할 일이 있다. 현명한 임원은 'CEO의 보좌가 아닌 보완의 역할'을 한다. 보완의 역할이란, 자신의 일에 대해서는 CEO와 같이 책임을 가지고 자신 조직에서 완결해야 한다. 그러나 회사 전체의 입장에서는 CEO가 올바른 의사결정을 하고 원만하게 회사를 이끌고 지속성장하도록 주도적으로 조언하고 실행하는 것이라고 했다.

어느 퇴직 사원이 있었다. 인사부서에서 퇴직 사유를 물으니 옮기는 회사의 연봉수준과 복리후생이 좋다고 한다. 연봉을 알아보니 그 차이는 400만 원 수준이었다. 하지만 채용부터 입문교육을 진행했던 인사팀의 선배가 퇴직 사원과 면담을 했더니 사유는 돈이 아니고 상사였다. 임원이라면, 자신이 해야 할 역할을 분명히 해야 할 뿐 아니라 구성원에게 롤 모델이 되어야 한다. 직원들에게 함께 근무하는 그 자체가 배움과 행복을 줄 수 있는 존재여야 한다.

한국능률협회에 근무하는 이구수 상무는 '자신은 태양을 더욱 빛나게 하는 달의 존재'라고 강조한다. "리더라면 리더가 해야 할 역할과 과제가 무엇인가를 분명히 알고, 일, 사람, 조직 관련 명확한 의사결정을 하며, 직원 한 사람 한 사람에게 비전을 주고 실천하게 하여 가치를 높이는 사람이겠지요?"라고 웃는 그의 말에서 상사를 보완하고 있는 리더의 모습을 찾는다.

공과 사를 분명히 한다

저성장이다. 어려울수록 누가 더 분명하고 명확하며 현실적인 안을 가지고 악착같이 실행하여 성과를 이어가느냐가 성패를 좌우한다. 각 기업은 신년사나 경영설명회 등을 통해 틈나는 대로 도전과 혁신을 강조한다. 국내시장에서의 절대 우위, 글로벌 확대, 신수종 사업의 전개 등 끊임없이 변화 혁신으로 회사를 이끌기 위해서는, 조직과 구성원이 전문성을 바탕으로 부서와 개인 이기심을 버리고 회사를 위해 한마음이 되어야 한다. 다양하고 복잡한 이해관계를 해결하기 위해 열린 소통으로 회사를 한 방향으로 이끌어야 한다.

많은 회사들이 구성원들에게 원칙과 규정, 도덕성과 윤리의식을 강조한다. 그러나 회사의 큰 이익과 충돌 시, 승진이나 개인의 미래에 큰 영향을 주는 순간, 회사와 개인의 생존 이슈가 대두되는 순간

앞에서 당당하게 개인 이익을 포기하고 도덕성을 강조하는 회사와 개인은 얼마나 될까?

정복자 징기스칸의 군율 중에는 '밤에 보초를 서다가 조는 병사는 사형에 처한다'라는 규칙이 있었다. 한 병사가 자신이 밤에 졸았다며 사형에 처해 달라고 외친다. 징기스칸은 아무도 보지 않았지만 스스로 고백한 병사에게 룰에 따라 사형을 명한다. 그러면서도 병사의 가족은 자신이 돌봐주겠다고 한다. 공과 사의 명확한 의사결정을 함으로써 군의 기강이 바로 서게 되었다.

술 문화가 강해 둘째가라면 서러운 회사가 있다. 음주문화가 조직과 구성원에게 긍정적 효과가 있다고 믿는 이 회사 경영층은 회식을 위해 회사 주변의 식당을 이용하는 경우 회사에서 비용을 지원해 주고 있다. 하지만 이 회사 직원들은 회사 근처에서 회사 일과 관계없는 사람들과 식사를 할 경우, 그 영수증을 회사에 청구하지 않는다. 누가 뭐라고 하지 않고 회사가 감시하지 않지만, 이들은 사적 비용은 당연히 개인이 처리해야 함을 알고 있다.

공과 사의 구분이 뿌리 깊게 자리 잡게 하기 위해서는 시스템도 중요하지만, 신입사원부터 철저한 교육, 선배에 의해 후배로 이어지는 청렴한 문화, 정도를 지키다 실패한 사례를 격려하고 반도덕적 행위에 대해 가장 엄한 처벌을 내리는 회사 분위기가 필요하다. 또한 무엇보다도 사소한 일에서부터 조직장의 솔선이 있어야 한다. 조직장이 직원에게 사적인 지시를 내리거나, 회사 시설이나 물품을 사적으로 사용한다면, 이를 바라보는 직원들이 공사 구분을 명확히 하며 올바른 판단을 할 수 있겠는가?

매일경제신문에서 '10적'에 관한 칼럼을 보았다. 1적이 요새 이슈가 되고 있는 '갑질'이다. 또한 그 뒤를 잇는 '부실한 사후 평가', '안전불감증', '단기성과', '타인 욕설'과 '무너진 에티켓' 등 10가지 내용을 보며 어떻게 지켜온 나라인데 이 지경까지 되었나 하는 아쉬움이 앞선다. 이러한 10적과 연계하여 지금 몸담고 있는 조직에서 만약 10적을 뽑으라면 무엇일까? 아마 직책과 연령대에 따라 차이가 있겠지만, 대부분의 기업은 아래 10개가 되지 않을까 생각한다.

① 부서 · 개인 이기주의

② 단기 실적 추구

③ 성과 · 역량보다는 상사와의 관계

④ 보고 내용보다 보고서 형태를 따지는 비효율

⑤ 지나친 음주와 술자리 의무 참석

⑥ 잦은 야근

⑦ 결론 없는 회의

⑧ 상명하달의 군대문화

⑨ 무너진 기본예절과 정도경영

⑩ 뒷담화(험담)

많은 기업들이 조직문화의 계승과 발전을 위해 노력한다. 회사가 지속성장하기 위해서는 올바른 전통은 지키고, 새롭게 요구되는 가치와 문화를 접목하여 일회성으로가 아니라 꾸준하게 밀고 나가는 추진력이 필요하다. 이의 기초가 되는 것이 바로 기본 지키기이다. 회사의 룰만 잘 지켜서는 부족하다. 시간 준수, 가치 창출과 같은 무형의 약속마저도 잘 지켜야 한다. 공과 사의 구분은 기본 지키기의 토대이다.

한 기업에서 20년 근무하고 주변 사람들로부터 많은 칭송을 듣는 직장인은 지역 신문과의 인터뷰에서 "내가 이렇게 좋은 품성을 가지고 지역 주민을 위해 보이지 않는 선행을 할 수 있었던 것은 지금 회사가 나를 이렇게 만들어 주었기 때문입니다. 나의 품성은 회사 생활에서 완성되었습니다."라고 말한다. 김 팀장은 회사에서 나의 품성이 완성되었다는 말을 할 수 있도록 나부터, 쉬운 일부터 공과 사를 명확히 하라고 팀원에게 강조한다.

후계자 선발과 유지관리

김 팀장은 사장으로부터 우리 회사에 맞는 핵심인재제도를 도입하라는 지시를 받았다. 김 팀장은 선진기업뿐 아니라 국내외 논문 자료 등을 살펴보며, 핵심인재제도의 장단점을 파악하였다. 무엇보다 서둘러 도입하다 실패하면 큰 피해가 예상되기에 신중해야 함을 느꼈다. 또한, 핵심인재제도를 도입하고 2년 이상 지속적으로 추진하고 있는 회사가 그리 많지 않음을 알고 도입부터 체계적으로 검토하여 장기 제도로 가져가야 하겠다고 판단했다.

김 팀장은 핵심인재 제도 도입을 위한 단계별 추진안을 CEO에게 보고했다. 1단계는 선정의 단계이다. 이는 본부 중심의 핵심인재에 대한 필요성을 정의하고 각 본부의 선정 기준에 따른 내부 필요 인력을 선정하는 단계이다.

2단계는 유지관리의 방법에 관한 제도 수립의 단계였다. 지금까지 B회사는 모든 인력에 대해 단 하나의 인사제도를 운영하고 있었다. 김 팀장은 핵심인재제도가 체계적·지속적으로 운영되기 위해서는 채용, 교육, 평가, 보상, 승진 그리고 제반 관리에 있어 타 구성원과는 차별되는 핵심인재만의 인사제도가 필요함을 알고 이를 강조하였다.

3단계는 구성원의 마음관리였다. 김 팀장이 가장 많이 들은 조언은 핵심인재가 아닌 일반 구성원의 마음 관리를 잘못하면 아무리 뛰어난 핵심 인재라 할지라도 내부 견제와 비협조로 결국은 조직에 머물지 못하고 떠난다는 이야기였다. 특히, 핵심인재로 기존인력이 선정된 경우에는 왕따가 될 가능성이 높다며 각별히 유념하라고 했다. '나도 핵심인재가 될 수 있다'는 조직 분위기를 이끌며, 핵심인재를 도와 회사와 개인의 성과 극대화를 도모하기 위해서는 구성원에게 제도의 긍정적 요인을 적극적으로 홍보해야 한다고 했다. B회사는 김 팀장의 체계적이고 신중한 도입으로 인하여 5년 넘게 제도가 유지되고 있으며, 핵심인재에 의한 성과가 돋보이고 있다.

세부단계1. 핵심인재에 대한 정의

김 팀장은 회사에서 추구하는 핵심인재에 대한 정의를 분명하고 명확하게 가져가야 한다고 생각했다. 회사의 핵심인재는 경영자와 회사가 정한 핵심직무의 마스터로 국한한다고 했다면, 경영자와 정의된 핵심직무의 Master를 선정하고 관리하면 된다. 핵심인재를 어떻게 정의하느냐에 따라 선발의 프로세스가 다를 수밖에 없다.

핵심인재의 선정에서 한 가지 유념할 점은 시점이다. 현재의 시점에서 현 사업의 핵심인재를 정의하고 선발하는 것도 필요하지만, 본부 단위로 하되 10년 후의 바람직한 모습 – 사업구조의 변화 – 필요한 핵심역량 – 당시 필요인력과 현 인력과의 비교 – 영입할 것인가 육성할 것인가의 순으로 정의와 선발이 이루어짐이 보다 바람직하다고 보았다.

세부단계2. 선발의 기준과 선발

핵심인재의 정의가 되었으면, 본부 중심의 선발기준 공유 및 공정한 선발이 이루어져야 한다. 선발의 기준은 내부 인력이냐? 외부 인력이냐?에 따라 다르다. 통상 내부인력은 해당 포지션과 직무를 중심으로 최근 5개년 인사평가, 주변의 평판, 직무에서의 전문성, 외부 네트워킹 등을 고려하여 본부장이 추천토록 한다. 이 경우, 본부장의 추천에 '금년 핵심인재가 될 수 있는 자', '2~3년 후 핵심인재가 될 수 있는 자', '5년 이후 핵심인재가 될 수 있는 자' 등 구분하여 추천하게 하면 보다 효과적이다.

외부 인재의 선발기준과 선발은 보다 엄격해야 한다. 각 본부장은 최소한 10년의 사업을 바라보고, 현 인력으로 도저히 할 수 없거나, 핵심인재를 선발하면 조기에 달성할 수 있는 직무가 무엇인가를 엄격하게 판단하여 선발하여야 한다.

세부단계3. 금전 및 비금전적 관리

평범한 직장인이라면 보상 수준이 높다면 다들 만족할 것이다. 그러나 급여가 일정 수준을 초과하면 보상 수준보다는 자신의 일에 대한 자부심과 성취감이 우선된다. 또한, 채용 시에는 분명 금전적 보상(연봉, 특별 성과급, 주택, 자동차, 개인 휴가, 사무실 환경 등)의 만족도가 높다. 그러나 지속근무 시에는 금전적 보상보다는 비금전적 보상(인정과 칭찬, 동기부여, 도전과제, 높은 수준의 동료집단과의 근무, 리더십 등)에 의한 만족도가 훨씬 크다.

세부단계4. 육성을 통한 유지관리

유사 직무의 전문집단과의 교류는 회사의 이미지 제고와 핵심인재의 가치를 올려주는 좋은 육성방안이다. 관련된 다른 방법은 직무튜터제의 운영이다. 핵심인재가 직무튜터가 되어 핵심인재 후보군이나 일반 직원들을 가르치는 방법이다. 외부 영입한 핵심인재의 유지관리를 위해서는 회사 중역이 멘토가 되어 핵심인재를 일정기간 이끌어 주는 일이 매우 필요하다. 회사의 연혁, 제품, 주요 경영자, 조직 및 사람, 회사 문화 등에 대해 직간접적 조언을 통해 조기에 전력화할 수 있다. 다른 중요한 하나는 리더십 배양 교육에의 참여이다. 핵심인재들은 한 직무, 한 프로젝트를 깊이 연구하는 데에는 장점이 있지만, 조직을 관리하는 능력에는 어려움이 있다. 리더십 교육을 통해 이러한 면을 보완해 준다면 큰 성과를 거둘 것이다.

세부단계5. 구성원 정서관리

핵심인재 제도의 가장 큰 어려움은 기존 직원들의 보이지 않는 반항이다. 핵심인재가 회사에 필요하다는 것은 알지만, 자기와 비교하여 크게 다르지 않다는 비교 갈등이 존재한다. '네가 뭔데 나보다 2배 가까운 보상을 받아, 젊은 나이에 임원이라고, 그래 잘하나 보자' 등의 보이지 않는 반발이 있다. 정보가 단절되거나, 보고가 제때 올라가지 않는다. 부서 간 협조가 지연되거나 안 되며, 회합이나 모임에 의도적으로 핵심인재를 배제시킨다.

구성원 정서 관리의 첫째는 핵심인재 제도의 중요성에 대한 공감대 조성이다. 위기의식을 심어주고 회사의 성장 파이를 나누는 것이 아닌 키워야 한다는 의식을 심어 줘야 한다. 협력하여 더 큰 성과를 이루자며 공감대를 형성해야 한다. 둘째, 핵심인재 제도를 공개하여 노력만 하면 핵심인재가 될 수 있다는 길을 열어 놓아야 한다.

김 팀장은 핵심인재제도가 성공하기 위해서는 CEO의 강력한 관심과 지속적인 참여, 확실한 제도적 장치, 현장을 책임지는 각 본부장의 일관된 의식과 제도 운영, 핵심인재와 그를 보좌하는 구성원의 팀워크가 가장 중요함을 강조했다.

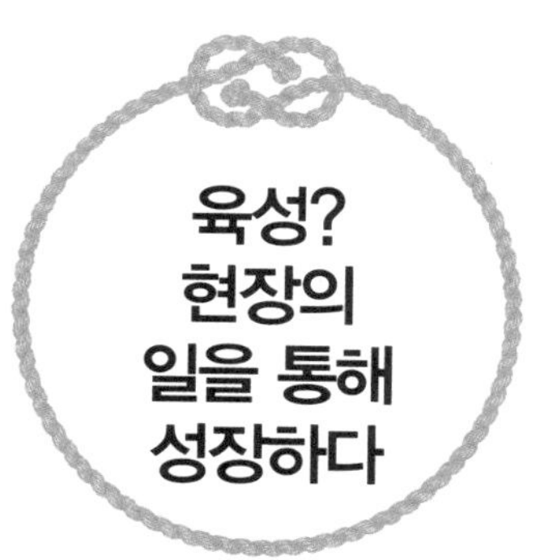

육성? 현장의 일을 통해 성장하다

회사에서 실시하는 조직역량 서베이에서 "나는 일을 통해 지속적으로 성장하고 있다."라는 항목에 어느 정도 긍정적 응답률이 나올까? 그리 높지는 않을 것이다. 우리나라의 경우 직무에 대한 만족도가 낮은 이유는 직무의 명확한 구분이 되어 있지 않기 때문이다. 또한 노동시장에서 직무가치를 인정받기 어려운 상황이다. 입사하여 인사 업무를 담당했는데, 어느 날 승진자를 교육시키라는 지시가 있고, 다른 날에는 채용업무를 해라, 어디 파견 나가라, 어느 순간 구매업무를 하게 되는 등등 직무 전문성이 낮다. 경영층이 되기 위해서는 다양한 직무를 경험하라고 하며 General Manager로 육성하다 보니, 직무를 통한 전문가 육성은 쉽지 않다.

그럼 구성원의 육성은 무엇을 통해서 될까? 교육학자들은 일을 통한 육성이 63%, 상사나 선배의 코칭이나 멘토링이 27%, 집합교육이나 외부 위탁교육 10% 수준으로 구성원들이 육성되어진다고 한다.

선배들은 "내가 입사했을 때는 누가 교육을 시켜 준 적이 없다. 선배들이 하는 일을 어깨너머 배워 내 것으로 했다. 그 당시에는 가르쳐 주려는 사람이 없었다."라고 말한다. 선배들은 현장에서 일을 하면서 고민하고 연구하다 보면 자연스럽게 배워진다고 한다.

어떻게 일을 통해 어떻게 육성하는가? 리더가 갖고 있는 공통의 고민이다. 어느 리더는 숨이 찰 정도로 많은 일을 부여한다. 매일 밤늦게까지 일을 해도 일이 끝나지 않는다. 물론 많은 일을 하다 보면 자연 익숙해지고 새로운 방법이 개선되어 쉬워질 수도 있지만, 몸이 견디지 못한다. 결국은 주저앉게 된다. 더 좋지 않은 것은 일이 많다 보면 그 일의 양 때문에 생각을 하지 못하고 일 처리에만 매달리게 된다. 경영자, 관리자로 육성되기 위한 선견과 통합의 역량을 쌓는 것과는 너무나 멀리 벗어나게 된다.

너무 도전적인 업무를 주는 경우도 있다. "너는 분명 이 일을 할 수 있을 거야." 하며 매우 높은 수준의 업무를 부여했을 때, 구성원의 힘들어하는 모습을 보았는가? 초등학생에게 대학생 과제를 주며 언제까지 해결해 오라고 하면 해 올 수 있는 초등학생이 몇 명이 되겠는가?

김 팀장은 리더라면 일의 목표와 그 일을 왜 해야 하는지, 기대수준은 무엇인지, 어떻게 하는 것이 가장 효과적인 것인지를 구성원에게 구체적이고 체계적으로 알려 주며 일을 하도록 해야 한다고 말한다. 나아가 일을 하면서 구성원이 고민하고 개선하도록 적당한 수준의 도전 과제를 단계별로 제시해야 한다고 생각한다.

사실 도움이 필요 없이 완벽하게 일 처리하는 구성원에게는 한 단계 높은 수준의 일을 부여해야 한다. 사람들은 성과에 대한 차별성이 크지 않으면 누구나 쉽고 편한 일을 추구하게 된다. 한 단계 높은 일을 부여함으로써 자부심과 성취감을 느끼게 해 줘야 한다. 더 높은 회사의 성과를 올리기 위해 자발적으로 늦은 시간까지 업무에 매달리도록 만들어야 한다. 이를 위해서는 끊임없는 관심, 일의 방향과 목표 설정을 제공함은 물론 구성원의 Career Path에 대해 심도 있는 대화를 나누며 지속적으로 동기부여를 시켜 주어야 한다.

김 팀장은 부하 육성은 조직장에게 매우 중요한 역할이며 과제 중에 하나라고 강조한다. 조직이 세분화되고, 경쟁이 심해질수록 자신의 역량은 자신이 알아서 키워야 한다. 모든 구성원의 육성을 회사가 책임질 순 없다. 그러나 자기계발은 한계가 있다. 직원 교육을 방치하는 회사는 결국 망할 수밖에 없다. 회사가 중장기 인재육성의 철학, 방향과 전략을 가지고 전 인력의 상향평준화보다는 전략적 선발형 교육에 중점을 두고 강하게 이끌어가야 한다. 여기에는 몇 가지 원칙이 있다.

- 현장 직무에 대한 단계별 수준, 필요 역량, 지식, 경험이 체계적으로 틀을 가지고 있는가?
- 구성원이 자신은 어느 단계, 어느 수준임을 알고 있는가?

- 선배에 의한 후배 지도가 강한가?
- 현장의 이슈가 현장에서 학습조직이나 개선활동을 통해 자율적으로 행해지며 해결되는가?
- 직무역량과 수준에 대한 평가 또는 심사가 정기적으로 이루어지는가?
- 조직장이 적극 주도하는가?
- 학습에 대한 면담이나 진척 관리가 정기적으로 행해지느냐?
- 조직장의 후계자가 선정되어 도전과제를 가지고 관리되는가? 등이다.

강한 기업은 현장 학습이 그 어느 곳보다 강하고, 이를 이끄는 조직장이 강하다고 김 팀장은 생각한다.

진정한 질책을 하다

잘못한 직원을 어떻게 대하고 있는가? 소리를 치고 물건을 집어 던지며 사무실을 긴장 분위기로 만들지는 않을 것이다. 우리는 혼낸다고 한다. 그러나 이 혼내는 방법이 중요하다. 상대에 대한 진정성이 있는 질책이 되어야 한다. 내가 얼마나 관심을 가지고 이야기하느냐에 따라, 질책은 칭찬보다도 더 큰 변화를 이끌어 낸다.

질책은 화가 아니다. 화는 자신의 감정을 쏟아낸다. 직원에게 일방적이고 즉흥적으로 퍼붓다 보니, 직원들은 인내의 한계를 느끼고, 외면하거나 심한 경우 증오와 분노를 느끼게 된다. 반면, 애정 또는 직원이 성장하기를 바라는 마음이 질책에 담겨져 있다면, 냉정하게 판단하며, 이야기해 줄 부분을 고민하고 무엇이 잘못되었는가를 구체적으로 제시하며 상대가 생각하게 한다. "~하지 마."라고 말하기보다는 "~하도록 해."로 이야기한다.

직장에서의 관계를 생각해 본다. 자신을 아끼고 좋아했던 분들을 어떻게 대하고 있는가? 신입사원 시절, 조금은 무서웠지만 엄하게 업무를 가르쳐 준 상사나 선배를 찾아 감사하고 있는가? 지금 모시는 상사나 선배를 있는 그대로 인정하며 배우고 있는가? 스쳐 지나는 관계가 아닌 인간적 정을 나누고 있는가? 후배에게 끝없는 정을 전하고 있는가? 후배가 강하게 성장하도록 질책하며 이끌고 있는가? 공동의 목표 달성을 강조하면서도 배려하고 있는가? 진정성을 갖고 높은 열정으로 성공하도록 자극을 주고 있는가? 힘들고 괴롭고 아파할 때 어깨를 내어 주며 쉬게 하고 있는가?

오목, 장기나 바둑을 두다 보면 한 수 앞만 바라보고 눈앞의 이익을 취하려다가 지는 경우를 종종 경험한다. 세 수 정도만 앞을 보면 상대가 프로가 아닌 이상 지는 경우가 적다. 상대가 어떻게 둘 것인가를 고민하며 두다 보면 길이 보인다.

하물며 인생과 직장생활에서 길고 멀리 본다는 것은 얼마나 중요하겠는가? 후배들에게 어떤 과업을 주면 그냥 내달리는 후배와 한두 시간 후, 이렇게 하면 어떻겠냐며 일의 방향과 목차를 가져오는 후배가 있다. 부탁한 후 며칠 동안 아무 말도 없다가 20p 이상의 보고서를 가져오는 후배와 중간 중간 일의 진행상태를 설명해 가며 최종보고서를 가져오는 후배가 있다.

보고서의 완벽함과 성과를 떠나 중간 중간 찾아와 설명해 주는 후배가 더 믿음이 간다. 다른 이야기이지만, 갈수록 후배들에게 지적하거나 질책하기가 쉽지 않다. 삐짐이 생각보다 오래 가고, 심한 경우 출근을 하지 않는다. 돌직구를 날리며 집어 던지고 심하게 큰 모욕을 주면 안 된다. 먼저 불러 상황을 듣고 분명하게 깨닫게 하는 것은 필요하다. 결국 리더는 관심과 진정성을 바탕으로 때로는 에둘러서, 때로는 직설적으로 이끄는 리더십을 보여야 한다.

언제 구성원은 리더를 존경하며 두려워하는가? 직장생활을 하다 보면 여러 유형의 구성원들을 만나게 된다.

– 패기만만하게 자기주장을 펼치는 직원
– 내색을 못 하고 끙끙 앓기만 하는 직원
– 내성적이며 자기주장이 없지만 꼼꼼하게 일 처리하는 직원
– 자신의 일도 아니면서 나서길 좋아하는 직원
– 성과는 없으면서 말만 앞서는 직원
– 주눅이 들어 가까이 오지도 못하는 직원
– 항상 기대 이상의 성과를 내며 밝은 직원
– 방향을 제시하며 타 직원들을 이끄는 직원 등

리더는 한 명 한 명의 가능성을 보며 그들의 꿈을 실천하도록 언덕이 되어주는 사람이라고 김 팀장은 생각한다. 때로는 칭찬, 때로는 질책으로 그 사람에게 맞는 옷을 입혀 주는 사람이며 외부 바람을 막아주고 내적 가치를 찾아 키워주는 사람이라고 생각한다.

많은 사람들이 잘못을 한다. 잘못한 부분을 꼭 집어 무엇이 잘못되었고, 그 일이 회사에 어떤 영향을 미치는가를 분명하게 알려주어야 한다. 다시는 동일한 잘못을 하지 않도록 해야 한다. 잘못이

미운 것이지, 잘못한 사람을 미워해서는 안 된다. 진정한 질책을 하는 리더는 각자 자신이 어떤 역할과 자세를 가져가야 하는가를 분명히 알고 있다. 이들은 "내가 리더이며, 리더는 이런 일을 하는 사람이다."라는 확고한 신념이 있고 이를 실천한다. 이들은 질책조차도 구성원과 리더가 신뢰를 쌓는 좋은 수단임을 알고 있다.

조직장은 구성원이 성과를 내도록 지원한다

김 팀장은 CEO로부터 "어떻게 하면 구성원을 성과주의 마인드로 무장하게 하며, 실적주의를 경계할 수 있는가?"에 대한 실행안을 만들어 추진하라는 지시를 받았다. 일을 추진하기에 앞서 김 팀장은 스스로에게 다음 4가지 질문을 하였다.

첫째, 성과와 실적이 무슨 차이가 있는지 구분이 가능한가?
둘째, 성과를 구성하는 조건(요인)은 무엇인가?
셋째, 성과주의(성과관리)의 모형을 그린다면?
넷째, 담당자, 관리자, 경영자는 어떻게 성과관리를 해야 하는가?

김 팀장은 실적이란 영업사원이 50개 거래처를 돌며 제품을 소개하고 영업했다고 하는 것이라면, 성과는 거래처 사장에게 감동을 주고 제품 3개를 판 것이라고 판단했다. 결과물이라는 점에서는 같지만, 성과와 실적은 지속성 측면에서 엄연히 다르다고 봤다. 같은 탁월(S등급)이 나왔다 하더라도 승진이나 인센티브를 목적으로 낸 결과물은 실적에 가깝고, 회사와 일이 좋아서 자발적이고 주도적으로 낸 결과물은 성과이다. 실적은 단기적 관점에서 행위의 결과만 가지고 이야기하지만, 성과는 장기적 관점에서 회사가 바라는 올바른 과정과 결과를 고려한다. 성과는 전략적 가치, 재무적 가치, 도덕적 가치, 고객 가치를 충족해야 한다고 정의를 내렸다. 중요한 것은 지속적인 성과를 창출하기 위해 무엇을 해야 하느냐이다.

우선 마음가짐과 자세가 되어 있어야 한다. 자신이 즐기며 당연히 잘해야 한다는 마음가짐이 있느냐 없느냐는 성과에 큰 차이를 가져온다. 그리고 할 수 있는 역량 즉 전문능력도 중요하다. 아무리 마음가짐이 잘되어 있다고 해도 모르면 어려움이 많다. 나아가 목표를 세우고 치밀한 계획과 악착같은 실행을 통해 결과를 창출하는 실천 능력이 필요하다. 이것이 성과관리이다. 리더는 구성원이 일에 임하는 마음가짐, 일을 할 수 있는 역량, 매일 일을 추진하는 실행력을 키워주는 사람이다.

성과관리는 목표관리, 과정관리, 평가관리, 결과관리로 구분할 수 있다. 첫째, 목표관리는 바람직한 높은 수준의 결과에 대한 모습을 가지고 구체적 과제를 가지고 있는지부터 점검한다. 구성원이 보다 도전적이고, 회사의 전략과 연계된 과제를 선정하고, 구체적으로 측정할 수 있는 방안을 마련하고 마감일이 명확하게 되어 있는가를 판단하고 목표 면담을 통해 확정한다.

둘째는 과정관리이다. 작성된 목표를 월·주·일로 계획을 세우고 실행하며 진척을 관리하는가를 점검한다. 구성원이 목표 대비 어떻게 실행하고 있는지 여부, 일의 수준이나 질을 점검한다. 애로사항이 발생하면 함께 고민하여 해결하고, 목표 달성 여부를 보면서 새로운 과제를 부여하는 등의 조치를 취한다. 최소한 주 단위의 면담을 통해 일의 진척을 공유하고, 자신이 수행한 과제에 대해서는 기록으로 정리하도록 한다.

셋째, 평가관리로 어떤 기준으로 기록에 의해 공정히 평가하는가이다. 통상 평가등급에 대한 수준별 정의와 목표의 명확한 기록에 의한 공정한 평가가 이루어지도록 한다. 매주마다 자신이 작성한 과제 보고서를 기반으로 어느 부분을 잘했고, 어느 부분을 보완해야 하는지를 명확하게 설명해 줄 수 있어야 한다.

넷째는 결과관리로 성과 있는 곳에 보상이 있도록 금전·비금전 보상을 하고 있는가에 대한 부분이다. 성과는 가장 높은데 팀에 승진할 대상자가 있어 최고 등급을 승진 예정자에게 주고, 대신 보상을 많이 받는 등의 성과 따로 결과 따로의 제도 운영은 구성원에게 갈등만 유발한다. 성과를 낸 사람은 높은 보상을 받는 것은 물론 승진 가능성도 높아야 한다.

김 팀장은 1일 단위로 과정관리를 한다. 10명의 팀원에 대해 매일 자신이 해야 할 중요한 과업 3개를 누구나 볼 수 있는 화이트보드에 적게 하였다. 김 팀장은 매일 6개의 과제를 정해 중요도가 높은 순으로 처리해 간다. 팀원에게는 그날 출근 시 적은 3개의 과제가 끝나는 즉시 과제에 빨간 색 X표시로 완료를 나타내라고 했다. 자신이 해야 할 6가지 중요 업무를 수행하는 팀원은 전날 미팅 시간을 잡는다. 5시가 넘었는데 X표가 되지 않은 과제에 대해서는 담당자를 불러 어떻게 할 것인가에 대해 면담한다.

김 팀장의 면담은 1:1 비밀스런 방에서 폭넓게 하는 것이 아니다. 수시로 팀원 자리에서 코칭하고 지도한다. 평가 시점에 면담을 시작하는 것이 아니라 52주간 관찰하고 지시하고 수행한 실적으로 평가한다.

적재적소 배치

관리자의 역할 중의 하나는 우수한 사람을 적시에 선발하여 필요한 곳에 배치하고 성장시키는 것이다. 관리자가 부정을 하거나, 적자를 내는 것도 나쁘지만, 장기적으로 더 나쁜 것은 사람을 선발하여 적재적소에 배치하지 않아 성장시키지 못하고 엉뚱한 곳이나 직무에 배치하여 좋은 인재를 멍청하게 하거나, 인간미가 없게 하거나, 눈치나 보며 예의 없게 만드는 행위이다.

자신이 원하고 적성에 맞으며 해보고 싶은 직무에 배치하여 자신의 일에 소신과 자부심을 갖고, 고민하고 또 고민해 가면서 길고 멀리 보는 목표를 정해 악착같이 실천하도록 이끌어야 한다. 직장이 학교에서 배운 지식과 스킬을 소모시키는 곳이 아닌, 새로운 지식, 경험, 스킬을 쌓고 도전하는 곳이 되어야 한다. 각 분야의 전문가들이 만나 자신의 전문성을 나누며 더 성장해야 한다. 이렇게 되기 위해서는 채용 단계부터 시작하여 입문교육을 거친 후 적재적소의 배치가 체계적으로 이루어져야 한다.

적기에 올바른 인재를 선발하여 적재적소에 배치하는 일은 채용부터 시작한다. 고려해야 할 부분이 많다. 올바른 인재의 기준은 무엇인가? 중장기 전략에 의거 당해년도 필요한 직무의 인원을 몇 명 선발할 것인가? 회사가 원하는 인재상을 갖추고 있고, 담당할 직무에 대한 열정과 충분한 지식을 보유한 사람을 채용해야 한다. 재무 직무를 수행할 사람을 뽑으면서 영업직에 맞는 인재를 뽑는 회사는 없을 것이다. 직무 중심으로 채용 안내가 구체적으로 명시되어 해당 직무를 원하고 준비된 대상자가 지원하게 해야 한다. 입사지원서의 작성도 철저하게 직무에 대한 마음가짐, 역량 수준을 묻는 내용으로 구성되어야 한다. 인성면접은 동일하다 하더라도 PT면접이나 집단 토론은 철저하게 직무 중심으로 되어 있어야 한다. 면접관은 현재 그 직무를 수행하는 과장급 이상의 담당자 또는 팀장으로 선정되어야 한다. 자신과 함께 일을 해야 할 사람을 자신의 손으로 뽑았을 때 더 정이 가지 않겠는가?

채용 못지않게 중요한 것은 선발된 사람들을 육성시키는 일이다. 배치에 앞서 그들이 회사의 핵심인재가 되고, 정체되지 않고 성장하도록 자극하며, 시장에서 인정하는 최고의 전문가 또는 경영자가 되도록 처음부터 강하고 확실하게 회사의 철학과 비전과 전략, 제품, 조직과 제도에 대해 가르쳐야 한다. S그룹은 한때 그룹공채로 채용된 인재들을 대상으로 4주에 걸친 합숙교육을 하면서 철저하게 S그룹이 원하는 인재로 바꿨다. 아니다 싶은 신입사원은 입문교육에서 퇴직시킨다. 지금은 입사가 확정된 신입사원이 그룹 입문교육을 받지만, 인성적 평가에서 탈락하거나 지켜야 할 규칙을 어긴 사람은 퇴소하여 자사로 돌려보내고, 자사에서는 특별한 사유가 없는 한 퇴직조치를 한다.

입문교육을 마친 신입사원들은 통상 배치면담을 실시한다. 회사가 원하는 직무와 신입사원을 매칭시키는 작업으로 각자가 희망하는 직무와 지역을 작성하고 면담을 실시하게 된다. 김 팀장은 최대한 신입사원들의 요구를 들어주지만, 동일 직무에 경쟁자가 생겼을 경우, 소속 부서장의 면담과 지금까지의 성적을 기준으로 배치한다. 신입사원들이 모두 원하지 않는 직무가 발생했을 때에는 면담을 통해 이를 조정한다. 김 팀장은 배치에 앞서 소속 부서장의 면담을 실시한다. 인사부서의 일방적 배치가 아닌 소속 부서장의 의견을 반영하여 최종 확정한다.

영원한 과제 인맥관리

김 팀장은 직장생활을 하면서 평생 간직하는 사람이 있냐는 질문을 받고 잠시 선배들을 떠올려 본다. 지금까지 이 자리까지 오면서 영향을 준 10명의 선배들을 기억하며 전화 드려야겠다는 생각을 한다. 리더의 역량 중 중요한 것이 바로 대인 영향력이며, 이의 기본인 인맥은 30대에 기초를 다지고 40대에 열매를 맺으며, 50대에 수확을 한다는 생각으로 관리해 나가야 한다. 김 팀장은 인맥 정의, 선정기준, 내부 인력과의 매칭, 나아가 유지관리 및 성과관리에 있어 다음과 같이 인맥 10대 원칙을 정해 관리한다.

원칙1: 자신이 일단 몸담았던 것은 무조건 조직화한다.

중 · 고교, 취미서클, 성당 · 교회, 어학연수, 교육동기 등 각종 모임의 사람들을 조직화하고 가능하다면 총무를 맡아 연락을 전담하는 것이 좋다. 회장은 자리를 빛내는 존재이지만, 총무는 자리를 만들며 연락을 하다 보니 자연 정보에 밝고, 친밀도와 영향력이 높게 된다.

원칙2: 인맥관리의 기본은 차별화이다.

먼저 나와 어떤 관계인가를 A, B, C등급으로 나누어 본다. A등급은 밤 12시가 넘어도 언제든지 전화로 부탁할 수 있는 그룹이다. 부모 형제와 매우 친한 개인적 비밀을 공유하는 동료 또는 선배가 포함될 수 있다. B등급은 찾아가서 부탁을 해야 하는 수준이다. C등급은 예를 갖추고 정중하게 요청하고 반드시 후사를 해야 하는 수준이다. 인맥을 동일하게 보지 말고 차별하고, 이에 따른 적절한 관리가 필요하다.

원칙3: 당당하게 접근하고 고마움에는 반드시 감사한다.

A급이 아닌 이상에는 나의 약점이 치명적일 때도 있다. 이를테면 기자에게 부탁하여 어떤 기사를 막아야 할 때도 당당해야 한다. 약점을 보이면 더 기사화되는 경우가 많다. 그리고 뭔가 감사한 일이 있으면 작게는 전화로, 크게는 직접 찾아가 감사해라. 고마우면 고맙다고, 미안하면 미안하다고 큰 소리로 말해야 한다. 마음으로 고맙다고 생각하는 것은 인사가 아니다. 남이 당신 마음속까지 읽을 만큼 한가하지 않다

원칙4: 한직일 때 돕는다.

지금 힘이 없는 사람이라고 우습게 보면 안 된다. 인생은 길다. 나중에 우습게 본 그 사람이 영향력 있는 위치에 갔을 때, 어려움이 닥칠 수 있다.

원칙5: 경사에는 전화를, 조사에는 사례를 꼭 하라.

부모를 잃은 사람은 이 세상에서 가장 가엾은 사람이다. 사람이 슬프면 조그만 일에도 예민해진다. 5만 원 아끼지 마라. 나중에 다 돌아온다.

원칙6: 신의를 지켜라.

약속은 꼭 회답하라. 사소한 약속을 지키지 못해 귀중한 기회를 놓친 사람은 너무나 많다.

원칙7: 내가 살아 있다는 것을 옛 친구들이 알게 하라.

끊임없이 접촉할 수 있는 계기가 중요하다. 그리고 새로운 네트워크를 만드느라 지금 가지고 있는 최고의 재산인 옛 친구들을 소홀히 하지 마라. 정말 힘들 때 누구에게 가서 울겠느냐?

원칙8: 남을 험담하지 말고, 칭찬하라.

남의 험담을 하다보면 재미있을 수 있다. 그러나 그 대상이 본인의 상사이고, 다음 날 그대로 피드백된다고 생각해 봐라. 험담하는 사람은 믿지 않는 법이다. 최선을 다해 칭찬해라.

원칙9: 평소에 잘해라.

지금 당신이 살고 있는 이 순간은 나중에 당신 인생의 가장 좋은 추억이다. 나중에 후회하지 않으려면 마음껏 즐겨라. 평소에 쌓아 둔 공덕은 위기 때 빛을 발한다.

원칙10: 회사 바깥 사람들도 많이 사귀어라.

자기 회사 사람들하고만 놀면 우물 안 개구리가 된다. 회사가 당신을 버리면 당신은 고아가 된다.

조직의 비전과 역할을 내재화하다
내 조직을 이끄는 그라운드 룰이 있는가?
이 부서는 비범한 인재를 만드는 곳
소통, 소통 또 소통
팀워크, 우리는 한 방향
후공정을 생각하다
청결한 조직인가?
학습조직을 통한 성장
조직을 이끄는 4가지 비결
기강을 세워라

PART 6

조직 관리

조직의 비전과 역할을 내재화하다

저녁 5시. 퇴근을 앞두고 이 상무가 김 팀장을 찾는다. 내일 전부서 팀장 이상 임원 모임에 이 상무가 관리자의 역할에 대해 2시간 특강을 하라는 CEO지시가 있었다며 내일 아침까지 강의안을 만들어 보고하라는 다급한 과제였다. 자리로 돌아온 김 팀장은 누구에게 지시할 수준의 과제가 아닌 만큼 직접 작성하기로 했다.

김 팀장은 먼저 어떤 관리자가 직원들에게 존경받을까를 생각했다. 많은 이유가 있을 것이다. 그러나 이곳이 기업이고 기업의 관리자라면 우선 조직의 성과를 달성하는 것이 가장 중요하다는 결론을 내렸다. 조직의 성과를 기대 이상으로 달성하기 위해서는 무엇이 필요할까? 바로 올바른 의사결정이다. 의사결정의 기반은 바로 회사 비전과 조직 비전의 연계로서 그것을 살피는 것이 무엇보다 선행되어야 함을 느꼈다. 김 팀장은 조직의 장으로서 관리자가 해야 할 역할을 크게 5가지로 정리하였다.

첫째, 회사의 비전에 부합하는 조직의 비전과 전략을 설정하고 이를 구성원에게 전파하여 업무에 반영되도록 하는 일이다. 회사의 비전이 구성원에게 그대로 전달되어서는 안 된다. 조직의 역할과 책임에 부합하도록 회사의 비전과 전략을 조직의 비전과 전략에 맞도록 새롭게 작성해야 한다. 우리 조직이 나아갈 방향과 해야 할 일을 명확히 하고 이에 맞도록 비전과 전략을 수립하여야 한다. 이러한 조직 비전과 전략은 사심이 없어야 한다. 이러한 조직의 비전과 전략을 전 조직원이 알 수 있도록 설명하고 또 설명해야 한다. 조직 구성원의 인식 정도에 따라 비전과 전략의 달성 수준은 결정된다고 생각했다.

둘째, 관리자는 전략적 의사결정을 해야만 한다. 조직원들이 같은 일을 여러 번 반복하는 일을 하게 해서는 안 된다. 소위 삽질을 하지 않게 하기 위해서는 조직장이 의사결정을 함에 있어 관련된 조직의 장들을 모아 여러 갈등을 한자리에서 해결하고 결론을 내줘야 한다. 담당자가 경영자 한 명 한 명을 찾아 다녀서는 일이 해결될 수가 없다. 또한, 관리자는 길고 멀리 바라보며 과업의 질을 조정해야 한다. 관리자가 판단하지 않는다면 그 누구도 이를 결정할 수 없다. 만약 관리자가 이러한 전략적 의사결정을 하지 않는다면 한 명의 높은 급여를 받는 실무자를 양산할 뿐이다.

셋째, 관리자는 조직의 변화관리를 선도해야 한다. 조직의 10년 후 모습을 그리며 지금의 모습과 비교하여 어떤 방향으로 어떻게 가야 하는가에 대해 로드맵을 가지고 강점을 강화하고 개선점을 보완해 나가야 한다. 현재 하고 있는 일과 현 인력을 냉정하게 점검해야 한다. 지금 해낼 수 없고 앞으로도 해낼 수 없다면 조직은 갈수록 그 경쟁력을 잃게 된다. 조직이 바람직한 모습으로 가도록 변화를 선도하고 이끌 역할을 해야만 한다.

넷째, 관리자는 대내외 네트워크 관리를 담당해야 한다. 많은 관리자들이 내부 인맥관리만 잘하면 된다는 생각을 가지고 내부 사람들과의 관계 정립에 치중한다. 회사가 안정되어 있고 국내 지향일 경우에는 관계없지만, 경쟁이 심해지고 해외로 진출한다면 내부 중심의 네트워크 관리는 한계가 있다. 직책이 올라갈수록 외부 인맥을 쌓고 이의 관리에 능해야 한다.

다섯째, 강한 후계자 선발과 육성을 해야 한다. 자신의 안정과 이익만을 생각하고 후계자를 키우지 않는 조직장이 있다. 이래서는 조직의 미래는 어둡다. 조직장이 언제 갑자기 떠나더라도 자신보다 더 큰 성과를 낼 수 있는 강한 후계자를 선정하여 육성해야만 한다. 회사를 사랑한다면, 자신의 자리에 연연해서는 안 된다. 회사의 미래를 바라보며 누가 가장 적합한 인물인가를 보며 그에게 도전과제를 주고 강하게 육성해야 한다. 현 조직에 그러한 역량을 가진 담당자가 없다면 타 조직에서 찾아야 한다. 만약 타 조직에도 없다면 외부에서 빨리 충원하여 내부 조직과 제도문화를 알려 주며 육성해야 한다.

김 팀장은 관리자의 5가지 역할에 따른 해야 할 일을 정리하여 이 상무에게 전달하였다. 이 상무는 이 모든 역할은 악착같은 실행이 없다면 의미 없다며, 결론으로 실행을 강조했다. 자료를 전하고 김 팀장은 조직의 비전과 역할에 대해 생각해 본다. 김 팀장이 담당하고 있는 HR부서의 비전은 무엇인가? 그 비전을 달성하기 위해 어떤 역할을 해야 하며, 어떤 전략을 가져가야 할 것인가? 회사 비전과 전략과 연계한 조직의 비전과 전략을 수립하라고 했는데, 구성원들은 과연 HR팀의 비전과 전략에 대해 알고 있을까 곰곰이 생각해 본다. 김 팀장은 피곤한 몸을 이끌고 팀의 비전과 전략 그리고 10년 후의 모습을 작성해 본다.

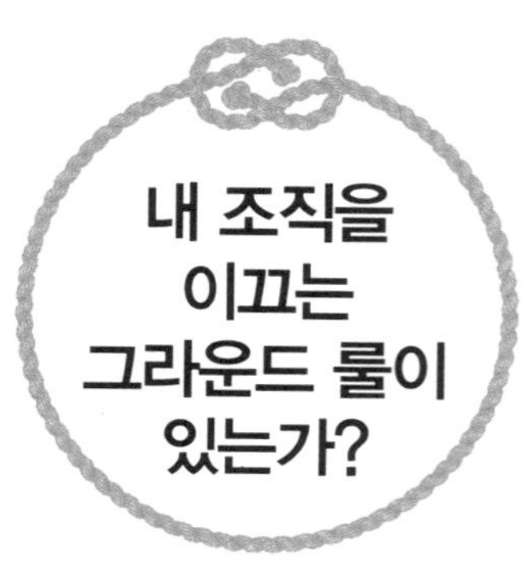

내 조직을 이끄는 그라운드 룰이 있는가?

삶을 살아가는 원칙이 없다면, 상황에 따라 생각과 행동이 달라질 것이다. 물론 그 상황에 맞게 가장 현명한 판단과 언행을 한다면 괜찮겠지만, 상사의 입장이 아닌 아랫사람의 입장에서는 상사가 이랬다, 저랬다 하면 혼란스럽다. 상사의 입장에서도 어느 때는 구성원들이 이렇게 하고, 어느 때에는 저렇게 한다면 피곤한 것은 마찬가지이다. 뭔가 통일된 룰이 있다면, 그 룰을 기반으로 조직 구성원이 같은 방향을 향해 좀 더 일치된 모습을 보일 것이다.

김 팀장은 팀의 그라운드 룰을 정하기 위해 팀 차석인 이 부장을 불렀다. 그에게 1년 동안 함께 지낼 팀원들과 함께 지켜야 할 룰을 5가지만 정하라고 요청했다. 이 부장이 팀원들과 협의하여 가져온 룰은 총 4개였다.

하나, 보고서는 3회 이상 수정하지 않기.

둘, 잘못된 일에 대한 지적은 본인에게 다른 팀원이 없는 장소에서 실시하기.

셋, 부득이 야근을 하게 될 경우에는 야근수당을 신청하기.

넷, 급한 일이 아니면 퇴근 후와 주말에 전화하지 않기였다.

이를 받아 본 김 팀장은 세대 차이를 느꼈다. 김 팀장이 사원일 때에는 매일 아침 8시까지는 출근하여 당일 할 일을 점검하고 공유하기, 마감일자는 무조건 지키기, 사전 보고하기, 회식은 월 2회 1주 전 통보하기, 선배들이 후배 한 명을 담당하여 업무 가르치기 등이었다.

김 팀장은 팀원 전원을 모아 팀의 그라운드 룰에 대해 설명했다. 그라운드 룰은 팀의 비전과 전략을 달성하기 위해 꼭 필요한 원칙으로 팀에 소속된 구성원으로서 일을 즐기고 성과 있게 일하기 위한 하나의 방안이라고 강조했다. 팀원 전체가 한 마음이 되어 한 방향으로 가자고 말하고, 극히 개인적인 룰보다는 팀 전체에 영향을 줄 수 있는 현실적이며 보다 의미 있는 룰을 만들자고 요청했다. 몇 시간의 논의 후에 결정된 팀의 그라운드 룰은 5가지였다.

하나, 매일 아침 8시 30분에 출근하여 아침 체조와 팀별 3분 토론을 실시한다. 3분 토론은 매일 팀원이 돌아가며 주제를 전날 공유하고 토론을 이끌되 20분을 초과하지 않는다.

둘, 자신이 매주 및 매일 해야 할 일과 중요 약속을 9시 이전에 팀 게시판에 게시한다.

셋, 1주 이상 소요하는 보고서는 반드시 Sketch Paper를 작성하며, 중간보고와 최종보고의 마감을 지킨다.

넷, 매월 2회의 팀 회식을 실시하되, 행복위원장이 일시 및 내용을 정한다.

다섯, 팀원 누구나 번개미팅을 신청할 수 있으며, 특별한 일이 아니면 참석하여 지원해 준다.

처음 며칠은 자신의 일정을 기록하지 않거나, 3분 토론에서 침묵으로 일관하는 팀원들이 있었다. 김 팀장은 개별적으로 참여를 유도하고, 3분 토론이 끝난 후에 발표자나 진행자를 칭찬하였고, 팀원들 일정이 없으면 가서 묻고 작성토록 하였다. 팀의 행복위원장을 통해 식사를 하거나, 영화나 뮤지컬 관람, 소속사 야구 경기 관람, 볼링 시합 등 다양한 저녁 행사를 진행하였다. 중간 중간 업무보고가 이루어지고, 특히 스케치 페이퍼를 통해 개략적인 방향을 잡아 줌으로써 팀원들이 방향을 잡지 못해 엄청난 시간을 허비하는 일을 방지할 수 있었다. 막내인 조영철 사원이 1주에 한 번 꼴로 요청하는 번개 미팅이 조금은 잦기는 하지만, 이런 저런 아이디어와 자료 및 사내 전문가 소개 등을 통해 팀 전체가 협력하는 분위기가 형성되었다.

김 팀장은 그라운드 룰을 만들기 전에 비해 업무의 양과 질이 눈에 띄게 향상되었고, 마치 공동묘지에 온 것처럼 조용하던 팀 분위기가 개방적이고 활기차게 변한 것에 놀라게 되었다. 특히, 선배들이 후배들의 당일 또는 주 단위 해야 할 일을 지켜보다가 자신이 가지고 있는 자료를 주거나, 회사 동료를 소개시켜 주는 모습을 보며 팀의 그라운드 룰을 정해 전체가 다 함께 실천하는 일은 불편하고 힘든 부분도 있지만, 매우 의미 있는 일이라고 생각했다.

국내 최고의 대학인 S대학은 각 고등학교 최우수 학생들이 지원한다. 시골 고등학교의 경우, S대학에 누가 들어가면 학교 정문뿐 아니라 동네 들어가는 입구에 큰 축하 현수막이 붙는다. '○○○ 아들 ○○○ S대학 경영학과에 입학' 등의 문구가 현수막을 장식한다. 한편 S대학 이 교수는 대학평가위원이다. 최근 서울 인근의 대학과 지방대 몇 곳을 평가한 후, S대 학생들에게 "가장 뛰어난 대학은 조금 떨어지는 수준의 학생들을 입학시켜 가장 뛰어난 학생으로 육성해 좋은 직업을 찾아 주는 곳이다. S대는 가장 뛰어난 학생들을 글로벌 경쟁력을 갖춘 초일류 학생으로 육성해야 하는데 그렇게 하지 못하고 있다."며 반성했다고 한다. 평범한 인재를 비범한 인재로 만드는 곳이 좋은 곳이다.

김 팀장의 팀원들은 대부분 지방대 출신이었다. 본사 직원들 대부분은 SKY 출신이다 보니, 조금은 자격지심도 있는 팀원도 있었다. 김 팀장이 팀장 부임 후 가장 먼저 한 일은 팀원들의 자기계발계획서 작성이었다. 각자 1년 동안 자신이 담당하는 직무에서 어떻게, 어느 수준까지, 어느 단계까지 자신을 계발할 것인가에 대해 작성하여 면담을 신청하라고 했다. 8명 중에 3명은 양식을 작성하여 면담을 신청하였다. 대부분 현 수준에서 자신이 하고 싶은 바를 적었고, 도전할 목표와 열정은 엿볼 수 없었다. 5명은 면담을 신청할 것이라 생각한 날로부터 1주가 지나도 신청할 기미가 보이지 않았다.

김 팀장은 팀원 전체를 회의실로 불렀다. 왜 자기계발을 해야 하며, 어떤 목표로 어느 수준으로 어떻게 해야 하는가에 대한 이야기를 한 후, 10년 후 자신의 위치와 가치에 대해 적어 보라고 했다. 적힌 내용을 보니 한숨이 나왔다. 10년 후, 이 직장을 떠나 다른 곳에서 스카우트될 팀원은 한 명도 없었다. 이 회사 내에서도 제 몫 이상을 하는 회사가 붙잡고 싶은 직원의 모습과는 너무나 멀었다.

김 팀장은 한 명 한 명과 면담 시간을 정했다. 각자 어느 수준에 있어야 하며 이를 달성하기 위해 무엇을 어떻게 해야 하는가에 대해 심도 있게 이야기하고, 올해 해야 할 목표와 과제 그리고 어떻게 점검할 것인가를 결정했다. 입사 3년 차 이상 7년 차 미만의 3명에게는 전원 PHR자격을 취득하라고 했다. 입사 8년 차인 이 과장에게는 내년 노무사 취득을 목표로 도전하라고 했다. 1년 차인 김철수 사원에 대해서는 매주 2권의 서적을 읽고 정리하고, 인사 영역에 관한 아티클 1개를 발표하라고 했다. 월별 주별 점검표를 만들어 매주 팀장에게 제출하고 진척률을 관리했다. 2개월이 지난 후, 팀원들의 태도가 변했다. 일부는 7시에 출근하여 개인 학습을 하고, 일부는 10시 이후까지 사무실에 남아 개인 학습을 하는 모습을 볼 수 있었다. 그리고 1년이 지났다.

PHR에 도전한 3명의 팀원 모두가 합격했고, 노무사 공부를 했던 이 과장은 1차 시험에 합격하였다. 김철수 사원은 회사가 주관하는 업무 개선 발표회에서 1등을 수상하고 수상 소감으로 "저희 팀에는 모두 한 가지 이상의 자격 취득 과제와 1년 동안 자신이 해야 할 자기 계발 과제가 있습니다. 100권 넘는 책을 읽으면서 회사에 도움이 될 부분을 체크하여 제안을 했고, 이 중에 메가프로젝트가 된 아이디어에 몰입하다 보니 어느 사이 훌쩍 커진 내 모습을 볼 수 있었습니다. 이 팀에 제가 근무한다는 것이 자랑스럽습니다."라고 강조했다. 김 팀장을 포함한 9명의 팀원들은 막걸리 한 잔으로 김 팀장에게 감사하며, 김철수 사원이 이야기한 훌쩍 커진 자신의 모습에 대견해했다.

소통, 소통 또 소통

조직장이 되어 어느 경우가 어색했는가?

① 말하라고 했는데 아무도 이야기하지 않을 때

② 화장실에서 같은 라인에 선 직원을 보며

③ 엘리베이터에서 단 둘이 있을 때

④ 식사하러 혼자 갈 수밖에 없을 때

⑤ 알 수 없는, 관심 없는 대화가 이어질 때

⑥ 나만 빼고 젊은 직원만 있는 자리

⑦ 준비되지 않은 곳에서의 초대 등등

조직장이 어색한 자리에서 빛나기 위해서는 준비된, 열린 사람이 되어야 한다고 들어 왔다. 그러나 결코 쉽지 않다. 평소에 집에서

"왜 그리 재미가 없어?"라고 아내에게 매번 듣는다. 명랑하고 누구와 쉽게 어울리는 사람을 보면 부럽다. '할 수 없다', '쑥스럽게 내가 어떻게'라는 감정이 스스로를 더 내성적이고 어색하게 만들지는 않는가? 조직장은 긍정의 힘으로 앞서가는 사람이 아닐까?

일을 하면서 부끄러운 질책 중의 하나는 "영혼 없는 일을 했다."이다. 주도적이지 않고 고민 없이 시킨 일을 하라는 대로 해 간 경우이다. 인간관계에 있어서 영혼 없는 일은 무엇일까? 대화를 하다 보면, 상대방의 이야기를 듣기보다는 내 할 이야기만 생각하고, 상대의 심정을 헤아리기보다는 내 목표 달성만 고민하고, 힘들게 참고 있는 사람에게 내 말만 줄기차게 강요하거나, 이해한다며 아픈 곳을 긁고 있는 모습을 본다. "그 사람 마음속에 들어가 그 사람 심정으로 그 사람 이야기를 하라."고 강조한다. 하지만 이런 소통이 잘 안 된다.

SERI(S그룹 경제연구소) 자료에 의하면, 소통은 업무적 소통, 창의적 소통, 정서적 소통으로 구분된다. 업무 수행과 직접 관련된 업무적 소통은 업무지시, 보고, 정보공유 등이 대부분이며, 하의상달보다는 상의하달이 잘된다고 생각한다. 비전 제시, 아이디어 제안과 부서 간 현업을 하는 창의적 소통은 나의 이야기가 얼마나 잘 전달되며 반영되는지가 중요하다. 가장 중요한 정서적 소통은 공감능력이다. 결혼도 하지 않은 김서진 씨에게 "아들, 잘 자라고 있지?"라고 물으면 어떻게 될까? 나는 충분히 대화했다고 생각하지만, 듣는 직원은 힘들었다고 한다면 누구 잘못일까? "벽을 느꼈다.", "원칙의 반복에 더 이상 할 말을 안했다.", "자신의 자랑만 이야기하는

데……" 등을 느낀다면?

김 팀장은 소통을 잘하기 위해 자신만의 비결이 하나 있다면 전체가 아닌 개별에 대한 관심이 중요하며, 윽박지르려 하지 말고 인정해 주는 것이라 생각했다. 김 팀장은 소통이 안 되는 이유 중에 하나는 바로 '조직장이 무지 또는 오만으로 가득 차 있는 경우'라고 생각한다. "안 되는 것을 무리하게 하지 말고 집어치워라."는 관료 문화도 한몫한다. 해보지도 않고 안 된다는 말만 앞세우거나 무조건 반대를 위한 반대만을 하거나 비판과 조언을 할 수 없는 분위기가 문제라고 생각한다. 김 팀장은 소통을 위해 개인적으로는 3가지 방법을 활용한다.

첫째, 아침 시간 3분 토론을 한다. 그날그날 주제를 당일 발표자가 공지하고, 이 이야기에 대해 돌아가며 이야기한다.

둘째, 찾아가 스탠딩 미팅을 한다. 1:1이고 자기 자리니까 조금 더 적극적으로 된다.

셋째, 브레인라이팅 기법을 활용한다.

가장 바람직한 소통은 마음속에 직원 한 명 한 명을 새겨 놓고 그들의 성장을 생각하고 이야기하는 방법이다. 요즘 김 팀장은 팀원 개개인과 매일 한 명씩 면담을 하는데 김 팀장은 소통의 본질에 대해 4가지를 중요시한다.

첫째, 신뢰이다. 얼마나 소통의 대상자와 신뢰를 쌓았느냐이다. 의도적 소통과 비의도적 소통 가운데 비의도적 소통의 핵심인 신뢰를 쌓았는가 하는 부분이다.

둘째는 상대의 선호에 맞는 소통 채널을 찾았느냐이다. 대면, SNS, 서류, 전화 등 채널은 많지만 그 사람이 좋아하는 것이 무엇이냐를 아는가가 중요하다.

셋째, 긍정이다. 반대를 위한 반대, 부정적 언행은 거북하다.

마지막 넷째는 마음 비움이다. 직급이 높고 나이가 많으면 자꾸 가르치려 한다. 사실 배우려는 마음과 자세가 안 되어있는 사람에게 가르침은 어렵다.

팀워크, 우리는 한 방향

김 팀장은 점심시간 후, 탁구를 좋아하는 구성원과 복식시합을 한다. 21점 게임에 19:13 정도의 점수차가 되면, 이겼다는 생각이 들게 된다. 이 순간, 한 점 한 점 잃게 되고 듀스가 되고 지는 경우가 생긴다. 안일함이 빚은 참사이다. 운동경기뿐 아니라 일도 마찬가지이다. 끝났다 생각하는 순간 끝나지 않고 최악이 되는 경우가 많다. 긴장을 풀고 안일하게 대처하다 보면, 이상하게 일이 꼬이며 엉망이 된다. 그래서 초심을 잃지 말라고 한다.

성과를 창출하고 팀워크가 강한 팀을 보면 비결이 있다.

① 분명한 비전과 전략이 있고

② 조직의 장이 변화의 핵심이며 존경 받고

③ 조직을 이끌어가는 원칙이 존재하며

④ 열린 소통으로 자유로운 의견개진과 상대에 대한 배려가 강하고

⑤ 구성원들이 목표 이상의 도전과 열정을 보이며

⑥ 상호 인정을 바탕으로 칭찬과 질책 속에 웃음이 끊이지 않고

⑦ 고민하여 실행해서 기대했던 계획 이상의 성과를 창출하며

⑧ 구성원의 마음은 열려 있고 경험과 기술을 과감 없이 주며 배려할 줄 안다.

우리나라에서 가장 뛰어나다는 S대학 경영학과 교수님들은 최고의 성과를 창출할까? 외부에서는 부러움의 대상이지만, 그 분들은 자신이 그곳에서 성장하며 행복하다고 느낄까? 주변 사람에게 자신이 속한 팀의 평가를 요청했을 때, 그들은 무엇이라고 이야기할까? 만약 이런 이야기를 들으면 어떤 기분이 들까?

– 제가 이 회사에 근무하면서 가장 근무하고 싶은 팀이다.

– 당신 팀의 구성원은 항상 생동감이 느껴진다.

– 성장하고 있다는 생각이 든다.

– 일에 대한 자부심과 열정이 있다.

– 어쩌면 그렇게 남의 이야기를 잘 들어 주는지 놀랐다.

– 아무리 어려운 일이 있더라도 끝까지 해내거든요. 놀랍다.

– 우리 회사의 자랑이다. 그 팀 구성원인 당신이 대단해 보인다.

무엇이 이렇게 만들까? 김 팀장은 결코 자신 혼자만으로는 불가능하다고 확신한다. 팀의 미션과 비전, 팀을 이끄는 원칙과 구성원의 팀워크를 이끌어내는 세심한 배려와 신뢰가 살아 숨 쉬어야 한다. 모두가 함께 해야 한다. 나 한 명쯤이야 하는 마음이 거대한 댐을 무너지게 한다. 사실 지속적으로 행하는 것은 쉽지 않다. 그러나 성공하는 팀은 무엇을 해도 잘하고 불가능을 가능하게 한다고 생각한다.

반대의 경우도 있다. 가장 우려되는 점은 조직 속에 자신의 존재가 없는 것이다. 생각해 보자. 생일날인데 아무도 축하해 주는 사람이 없고, 점심시간에 모두 먼저 나가 홀로 남겨진 자신을 바라보며 무슨 의욕으로 일에 몰입하고 팀워크를 나누겠는가?

후공정을 생각하다

일본 토요타 사의 토요타 자동차공장 견학을 마치고, 현장 조장들과의 간담회가 있었다. 5Way에 대한 설명, 현장의 품질경영으로서의 5S운동, 제안제도에 대해 우리나라에서도 누구나 알고 있는 이야기를 한다. 차이가 있다면, 그들은 입사할 때 배운 이 제도를 30년이 넘도록 현장에서 실천하고 있다는 점이다. 이야기 중에 놀라운 사실을 발견했다. 일을 마무리할 때 이들은 다음 공정에 들어올 사람들이 편하게 일할 수 있도록 배려한다는 점이다. 현장의 보이지 않는 원칙이 바로 후공정을 생각하며 일을 하라는 것이다.

하버드 비지니스 스쿨의 린다 힐 박사는 구성원들을 자발적으로 움직이게 하고, 스스로 협동하게 조직을 만드는 리더십을 후방지원 리더십이라고 강조한다. 김 팀장이 생각하는 조직장의 역할 중에 하나는 구성원들이 스스로 동기부여 되어 자발적으로 일을 하도록 하는 것이다. 기러기들을 보면, 맨 앞의 기러기를 따라 수많은 기러기들이 날아간다. 서로 용기를 불어넣는 소리와 함께. 양치기도 마찬가지이다. 양떼를 몰기 위해서 가장 민첩한 양을 맨 앞에 내세워 나아가게 하면 나머지 양들은 따라간다.

토요타 자동차를 견학하고 온 김 팀장은 "우리가 토요타를 따라잡을 수 없는 것은 물류시스템도 공정개선도 아닌 후공정을 생각하는 그들의 배려이다. 내 후임에게 편하게 일을 물려주기 위해 세 번 두드릴 것을 네 번, 다섯 번 두드리는 모방할 수 없는 경쟁력이 토요타를 세계 자동차 시장에 우뚝 서게 했다."고 강조했다.

김 팀장은 어떻게 구성원이 자발적으로 후공정을 생각하는 배려를 갖고 일하게 할 것인가를 생각했다. 첫째, 회사가 나를 소중하게 생각하고 있다는 의식을 갖게 하는 것이 중요하다. 지금까지 회사는 구성원에게 Loyalty를 강조해 왔다. 설문에서도 얼마나 회사를 좋아하느냐? 직무에 대해 얼마나 만족하느냐? 직무 몰입의 수준은 어느 정도냐? 등에 관심을 가졌다. 이제는 회사가 많은 가치를 구성원에게 더 주기 위해 노력하는가? 평가를 위한 평가가 아닌 역량 강화를 위한 평가를 하고 있는가? 내가 이 곳에서 인정받고 성장하고 있는가? 등을 느끼게 해주는 것이 중요하다. 고객에게 최고의 만족을 주기 위해서는 구성원이 먼저 최고의 인재가 되어야 한다.

둘째, 본인의 목표는 본인이 수립하게 해야 한다. MBO 방식에 의해 조직장으로부터 부여받은 목표는 왠지 자신의 목표가 아니라는 수동적 이미지가 강하다. 본인이 목표 자체를 정하게 하는 것이다. 조직장은 구성원이 보다 큰 비전과 목표를 수립할 수 있도록 지원을 해 주어야 한다.

셋째, 우리라는 의식을 배양시킨다. 최고의 인재가 모인 골드만삭스의 모토는 'I가 아닌 We를 가장 소중하게'이다. 동료는 경쟁자가 아닌 자부심의 대상이며, 조직이 잘될 때 나도 잘된다는 의식을 의도적으로 심어가는 것이다.

조직장이 후방지원을 해주다 보면 책임회피형 조직장이라는 이야기를 듣게 될 수도 있다. 후방지원 리더십은 조직장이 책임을 회피하려고 하기보다는 구성원에게 보다 책임감과 판단력을 강조하는 활동이다. 조직장은 필요한 피드백을 적시에 제공하고, 위기에 처했을 때에는 즉각적으로 지원하며, 항상 구성원 전체를 면밀히 모니터링하여 구성원에게 날개를 달아주는 역할을 담당한다.

청결한 조직인가?

맥도날드의 Core Value는 '품질, 봉사, 청결, 가치'이다. 맥도날드에서 일한 사람들은 "청결함을 유지하는 일은 매우 중요하다. 할 일이 없어 쉬고 있던 적이 없다. 뭔가를 씻거나 닦고 있다."라고 이야기한다. 이것이 전 세계 맥도날드를 평가하는 기준이다.

국내 G회사는 음주에 강했고, 해줄 수 있다면 직원들에게 회식비용을 지원했고, 다음 날 조금 늦게 출근하는 것에 대해서 크게 문제시하지 않았다. 하지만 그럼에도 불구하고 이 회사의 불문율은 누구도 결코 사적으로 회사 경비를 쓰지 않는다는 점이다. 그들은 이를 일종의 자부심이라고 표현했는데 아무도 부정은 저지르지 않고 저지를 생각도 안 하는 것이 관습처럼 굳어진 것이다.

길을 걷다 보면 쓰레기가 쌓인 곳이 있다. 버릴 수 없는 곳인데, 쌓여있다 보니 버린다. 직장에서 조직장이나 선배가 하면, 해서는 안 되는 일임을 알면서도 후배들은 당연한 듯이 한다. 아무리 하지 말라고 해도 이미 해도 문제가 없었던 경험과 해도 된다는 생각이 굳어져 개선하기가 쉽지 않다. 결국 위부터, 나부터, 쉬운 일부터 하나하나 솔선해 가며 보여줘야 한다. 한 순간에 전부 고치겠다는 과욕보다는 하나하나 고쳐 나가는 것이 옳다.

S그룹의 조직관리비결을 이야기하라면, 구조본 경영, 공정한 인사, 일등성과주의, 시스템 경영, 비노조경영 등이 이야기되어진다. 물론 이 모든 활동들이 위대한 S그룹으로 가게 하는 큰 힘이 되었다. 그러나 S그룹인이라면 누구나 조직의 청결성을 제1의 가치로 선정하는데 주저함이 없다. 매년 5% 가까운 인력을 구조조정하면서도 노조가 결성되지 않는 기업의 비결이 바로 청결함이다.

경기도 용인 S랜드 근처에는 S그룹인의 영원한 보금자리인 인력개발원이 있다. 이곳의 바닥은 시간이 갈수록 더욱 빛난다. 매일 청소하는 직원이 있어서가 아니다. 교육생들이 주변 청소는 스스로 한다. 이들은 매일 5시 50분에 기상하여 6시에 운동장에 집합하는데, 나올 때 침구정돈이 되어 있어야 한다. 청결을 몸에 배도록 부단히 실천하고 또 실천하게 한다.

S그룹의 청결 중의 하나는 제도의 청결이다. S그룹의 제도는 누구에게나 공정하다. 제도의 핵심은 경쟁을 통한 성장이지만, 이 제도가 운영됨에 있어 평가의 공정성과 보상 및 승진의 공정성에 있어 매우 청결하다. 매년 조직장에게 개인적 관계로 인해 평가, 보

상, 승진 및 교육 기회에 영향을 주지 않도록 엄격하게 교육한다. 이러한 제도의 청결함이 결정적으로 영향을 준 것은 바로 구매이다. 대기업의 구매부문에서 S그룹만큼 부정이 적은 곳은 없다고 봐도 과언이 아니다. S그룹인이라면 부도덕하게 돈이나 선물을 받는 것을 부끄러워한다. 조그마한 문제가 발생하면 일벌백계함으로써 추후 이런 문제가 다시는 발생하지 않도록 이끌어 가는 것은 당연하고, 철저하게 이를 교육한다. 이러한 바탕 위에 탄생한 것이 바로 '구매의 예술화'이다. 조직이 청결하니까 구성원은 더 높은 성과를 창출하는 방법을 찾는 것이다.

김 팀장은 청결한 조직을 만들기 위해서는 우선 조직장이 솔선수범해야 한다고 생각한다. "원칙을 지키라고 말만 하고 실제 본인은 지키지 않는다.", "앞과 뒤의 이야기가 다르다.", "성과 · 역량보다는 상사와 친한 사람이 인정받는다." 등의 이야기가 구성원에게서 회자되면, 이 회사의 전망은 밝지 않을 것이다. 조직장이 더욱 솔선수범해야 한다. 일관된 메시지를 구성원과 소통해야 한다.

환경이 바뀌면 의사결정이 바뀔 수는 있다. 자신의 의견을 번복할 수도 있다. 그러나 철학이나 원칙이 바뀌어서는 안 된다. 조직장이 천명한 원칙에 따라 줄곧 변함없이 추진해가는 모습 하나만으로도 구성원들은 청결한 조직문화를 가져간다. 한순간 조직장의 경솔함과 부정적 행동은 구성원에게는 혼란과 바람직하지 않은 모방을 낳게 된다.

학습조직을 통한 성장

학습하는 조직은 모방하기 어려운 경쟁력의 원천이 된다. 김 팀장은 개인의 직무 및 리더십 역량을 강화하기 위하여 부단히 노력해야 함을 강조했다. 그러나 개인의 노력은 한계가 있다. 직장생활을 하다보면 온갖 유혹이 있다. 혼자 목표를 정해 묵묵히 걷는다 해도 방해하는 요인이 많아 작심삼일이 되는 경우가 생긴다. 김 팀장은 부하 육성이야말로 조직장에게 매우 중요한 역할이며 과제 중에 하나라 생각한다. 또한, 조직의 문제는 조직이 해결하는 학습조직을 만들어야 그 조직과 회사가 강해질 수 있다고 생각했다. 김 팀장은 어학과 공통역량은 개인들이 스스로 학습하여 강화하고, 직무와 리더십 역량은 4단계(주니어, 시니어, 에스퍼트, 마스터)로 나누고, 팀원이 각자 어느 단계에 있는가를 명확히 했다. 김 팀장은 동일 단계의 팀원들에게 과제를 주고 학습조직을 구성하여 과제를 해결하도록 했다. 회사 주도의 집합교육은 구성원을 성장시키는 데 약 10% 도움을 준다.

강한 기업은 현장학습이 그 어느 곳보다 강하고, 이를 이끄는 조직장이 강하다. 김 팀장을 찾아온 한 후배가 "선배님, 미칠 것 같습니다. 어제 그 바보 덕분에 버전23 최고 기록까지 갔습니다. 술 한잔 사주세요." 울먹이며 이야기한다. "어휴~ 힘들었겠구나. 오죽하면 네가. 그래 당장 나가자." 막걸리를 주고받으며 이런저런 이야기를 나눈 후 김 팀장은 후배의 등을 한 번 쳐준다. 왜 이런 일이 발생할까? 조직장이 담당자의 고생을 덜어줄 수 있는 가장 좋은 방법은 무엇일까?

의사결정하는 사람들을 한 자리에 모이게 하여 박 터지게 토론하고 결론을 내면, 담당자의 고생은 1/10로 줄고, 버전은 5 안의 숫자에서 끝나게 된다. 이것을 문화화한 회사들이 많다. 특정 장소에 자신이 고민하는 사안을 올리면 관심 있거나 역량 있는 사람들이 참석하여 도움을 준다. 자신이 가진 경험, 지식, 스킬을 아낌없이 나눈다. 열띤 토론이 일어난다. 지식과 자료들이 분석되고 정리되어 활용할 수 있도록 제공된다. 임직원은 이 장소에 기꺼이 참석한다. 누가 시켜서 하는 것이 아닌 스스로 참여하여 얻고 제공한다. 모든 회사가 꿈꾸는 제안제도, 학습조직이 실천되어 성과를 창출하는 회사들이다.

김 팀장은 조직문화의 방향을 3가지로 잡았다. "이곳에 머물면 머물수록 성장해 간다."는 느낌을 주는 회사, "내가 이 곳에 근무하는 것이 자랑스럽다."라고 외칠 수 있는 회사, 마지막으론 "선배에 의한 후배 육성이 실행되는 회사"이다. 직장인의 꿈은 경영자가 되는 것일 수도 있고, 더 많은 보상을 받는 것일 수도 있다. 그러나 하루 중 가장 긴 시간 보내게 되는 직장에서 성장의 기쁨이 없이 학교에서 배운 것을 계속 방전하고 있다고 느낀다면 생활 자체가 재미가 없다. 내가 누구인가? 내가 이곳에서 무엇을 해야 하는가? 등 수많은 갈등을 느낄 것이다.

내가 이곳에 있으면서 성장한다는 것을 느끼게 하려면 어떻게 해야 할까? 우선, 조직장이라면 당연 구성원에게 꿈을 심어 주어야 한다. 꿈이 없는 성장은 방향 없이 열심히 하는 방랑자와 다를 바가 없다. 구성원 한 사람 한 사람의 성향을 파악하여 그에게 좀 더 도전적인 꿈을 갖게 해 주어야만 한다.

둘째, 실행이 없는 신념은 의미가 없다. 꿈이 있다면 이를 실천할 수 있는 토대를 만들어 줘야 한다. 교육을 해 줘야 한다. 단순히 외부 교육기관에 교육을 보내며 "나는 교육시켰는데, 네가 부족해서 그만큼 성장했다."라고 이야기할 수 없다. 관심을 갖고 얼마나 많은 시간 지도하고 코칭했느냐가 그 사람의 미래를 좌우한다. 일을 통한 부단한 교육이 중요하다. 지속적으로 뭔가 결과가 나오도록 만들어 가야 한다. 행동이 있고 작은 성공이 있을 때, 좀 더 큰 변화가 일어나며 성취되는 것이다.

셋째, 올바른 방향으로 가고 있는가 점검해 줘야 한다. 모든 짐을 짊어진 나귀 위에 주인이 졸면서 길을 간다고 생각해 봐라. 긴 여정은 고사하고 짧은 거리를 이동하는 것도 결코 쉽지 않을 것이다. 중간 중간 나귀에게 방향을 알려 주고, 쉬게 해주고, 먹여 주고, 상태를 점검해 줘야 한다. 하물며 미지의 목적지를 향해 달려가는 구성원에게 올바른 방향으로 가고 있는지 관심을 갖고, 때로는 질문을 하면서 확인하면서 점검해 주는 것은 너무나 당연하다. 모든 짐을 구성원에게 짊어지라는 것은 조직장의 자세가 아니다.

조직을 이끄는 4가지 비결

김 팀장은 애플의 스티브 잡스가 외치는 “Stay hungry, Stay Foolish.”를 보며, 잠시 전율하였다. 배부른 고양이는 절대 쥐를 잡지 않는다. 굳이 배부른데 몸을 움직여 쥐를 잡을 필요가 없기 때문이다. 코끼리가 말뚝에 묶여 움직이지 않는 이유는 어릴 적에 몸부림치면서 벗어나려 했지만 벗어나지 못한 기억이 있어서도 하지만, 배부르기 때문이다. 묶여 있는 그 자체가 어느 순간 익숙해져서 이제는 벗어나려고 몸부림치는 이유가 사라졌기 때문이다. 배고픈 운동선수가 어느 순간 금메달을 따고 국민의 영웅이 되어 광고 및 텔레비전에 나오게 되면 운동선수로서의 그의 인생은 마지막이라는 이야기가 있다. 배부르기 때문에 더 이상 그 힘든 운동을 할 이유가 없기 때문이다.

어떻게 하면 성공을 지속하고 구성원들을 더 높은 목표를 향하게 하며 조직을 이끌어 갈 것인가? 첫째는 핵심역량에 집중하는 것이다. 혁신제품도 언젠가는 구모델이 되고 시장에서 사라지게 된다. 핵심역량을 중심으로 1등 제품이 사라지기 전에 새로운 혁신제품을 출시해 나가야 한다. 메모리 반도체 사업에 있어서의 S전자가 대표적 예이다. 남들을 따라가다가는 영원히 도태되고 만다. 1등이 되어 남이 따라올 수 없도록 더 앞을 향해 달리도록 조직과 구성원의 핵심역량을 강화시켜 나가야 한다. S전자의 이 전무는 항상 스마트폰을 지참한다. 잠잘 때도 쥐고 잔다고 한다. 자신은 월화수목금금금을 지낸다고 한다. 일주일 중 단 한 번의 가족과의 저녁시간은 금요일이란다. 60세가 가까운 나이인 그는 아직도 할 일이 많다고 강조한다.

둘째는 완벽을 향해 집중하게 해야 한다. 완벽이라는 꿈을 이루기 위해 미친 듯이 노력하게 해야 한다. 남들이 바보라고 비웃고 손가락질하더라도 묵묵히 자신의 길을 걷도록 해야 한다. 완벽을 추구하는 것이 옳은 일이라고 생각한다면, 당연 그 길을 걸어가도록 이끌어야 한다. 조직도 마찬가지다. 조직이 해야 할 역할과 책임이 있다면, 조직의 비전과 전략을 향해 매진해야 한다.

셋째는 자신의 성과물에 혼이 담기도록 해야 한다. 김 팀장이 처음 직장생활을 할 때에는 PC가 없는 시대였다. 종이 위에 손으로 기안을 써야 하는데, 명사는 전부 한자로 쓰라는 지시가 있었다. 한자를 배우지 않은 탓도 있지만, 인사부서에 근무하다 보니 사람 이름이 너무 어려워 매일 그리다시피 한자를 써서 기안을 올리면 바로 빨간 줄이 그려지고 다시 올리라고 한다. 한글과 한자의 높낮이가 다르다는 이유였다. 처음부터 다시 기안을 쓰는 일은 쉬운 일이 아니다. 솔직히 쓰는 일보다도 마음이 상한 것이 더 큰 고통이었다. 밤마다 집에 와 한자 쓰는 연습을 하고, 두 달쯤 지나니까 제법 고참 선배들과 비슷한 기안이 나오게 되었다. 아무 가치가 없는 한자 쓰기였다고 생각했지만, 2개월 지난 후 내가 쓴 기안이 사장님에게까지 결재가 될 때의 감동은 남달랐다. 만약 그때도 한자를 그렸다면, 아이디어는 좋아도 분명 내 이름으로 기안이 작성되지 못했을 것이다. 자신의 일에 대해서는 세세한 부분이라도 알고 있어야 하며, 자신의 이름에 흠집이 되지 않도록 혼을 다해야 한다. 일본 A제조회사의 표어는 '내가 만드는 제품에 혼을 불어넣자'이다. 불량률 몇 % 줄이기, 생산 목표 얼마 올리기가 아니다. 혼을 불어넣도록 해야 한다.

넷째는 성과에 목마르게 해야 한다. 영원한 1등은 존재하지 않는다. 작년보다는 올해 성취하도록 도전적인 목표를 부여해야 한다. 피 한 방울을 마시기 위해 벽을 타고 천장에 올라가 침대로 떨어지는 벼룩처럼 악착같이 도전하게 해야 한다. 법 때문에 안 되면 법을 바꾸게 해야 하며, 길이 막혀 안 되면 길을 뚫으면 된다. 조직과 구성원에게 쉬지 않고 부단히 더 높은 성과를 창출하도록 이끌어야 한다.

조직은 조직을 움직이는 사람들에 의해 그 모습이 결정된다. 아무 생각 없이 회사 생활하는 사람은 없다. 모두 노력한다. 그러나 우리가 경사가 심한 산을 오를 때처럼 다소 벅찬 목표를 실천하며 하루를 보내야 한다. 차별적 경쟁력이 없이 어제와 같은 오늘, 오늘과 같은 변화 없는 내일에 머문다면 조직뿐 아니라 자신도 어느 순간 경쟁을 잃고 어찌할 수 없는 애물단지로 전락하게 된다.

기강을 세워라

성과는 매우 높으나 원칙을 지키지 않고 자기 마음대로 언행한다면 조직장 입장에서는 여간 고민이 아닐 수 없다. 김 팀장의 팀원 중에 정 차장은 구성원 가운데 가장 높은 성과를 창출하고, 회사에 없어서는 안 되는 핵심직무를 수행하고 있지만, 술을 좋아하다 보니 때론 만취가 되어 원칙을 지키지 않고, 지시를 어기는 경우가 있다. 워낙 높은 성과와 중요한 업무를 수행하기 때문에 다른 조직으로 보낼 수도 없고, 함께 일을 하자니 속이 다 탄다.

기강은 조직의 질서를 바로잡아 조직을 생명력 있게 이끄는 힘이다. 군에 있어서의 기강은 병사들로 하여금 자신을 돌보지 않고 싸우도록 하는 힘이다. 소대장이 총알이 비 오듯 퍼붓는 고지를 향해 "전진 앞으로!"를 외치면 총알을 두려워하지 않고 달려 나가야 한다. 역사를 돌아보면 승리한 군대의 대부분은 원래부터 강한 군대가 아닌 기강이 강한 군대였다.

조직장은 조직의 기강을 어떻게 세울 것인가? 기강을 세우는 방법의 첫째는 원칙을 만드는 일이다. 기강은 조직장의 말 한마디와 외부의 힘에 의해 세워지지 않는다. 내부 구성원 간 마음의 합의이다. 기강을 세우는 것은 원칙을 만들고 지속적으로 이끌어 가는 것과 같다. 각자 마음속에 자신만의 기강이 있는 것이 아닌 전체가 반드시 지켜야 할 원칙을 정하는 것부터 시작된다.

둘째는 세운 원칙의 예외 없는 실천이다. 삼국지의 조조는 농사일을 하는 백성에게 피해를 주지 않기 위해 논을 지날 때 백성에게 피해를 주게 되면 사형을 처한다고 원칙을 정하였다. 강한 조직이었고, 조조의 말 한마디는 곧 법이었던 시대였다. 그러나 조조 자신이 탄 말이 새가 날아오르는 것에 놀라며 논으로 뛰어 들어 농사에 피해를 주게 되는 일이 생겼다. 결국 조조는 자신의 상투를 베어 버린다. 기강을 세우는 최고의 방법은 최고경영자의 실천이다. 조직이 움직이지 않을 때, 상급 조직장 10%만 바꾸면 조직은 빠르게 움직이게 되는 이치와 같다. 지키지 않은 한 사람을 용서하기 시작하면 전체가 문란하게 되는 것은 시간문제이다.

셋째는 마음을 다해 신뢰하는 자세이다. 기강은 결코 체벌이나 권위에 의해 세워지지 않는다. 일순간 고통을 피하기 위해서, 두려움에 의해 기강이 설 수도 있다. 그러나 이러한 닫힌 부정적 방법은 오래 가지 않는다. 진심으로 마음으로부터 우러나오는 감동에 의해 기강은 서게 되어 있다. 기강을 세우기 위해서는 마음을 다해 구성원을 신뢰하는 사랑의 자세가 기본이라 하겠다.

특별한 잘못은 없지만, 기강을 해치는 구성원을 어떻게 할 것인가? 유능하긴 하지만 매일 10분 정도 늦게 출근하는 구성원, 지시를 하면 "예, 알았습니다."가 아닌 "왜 내가 이것을 해야 하나요?" 하며 퉁명스러운 구성원, 개인적으로 일은 완벽하게 처리하지만, 함께 해야만 하는 일에는 무조건 빠지려는 구성원, 자신의 일이 끝나면 남들이 아무리 힘들어 해도 쳐다보지 않는 구성원들……. 원칙이 없다면 이러한 모든 상황에 조직장은 답답함을 느끼게 된다. 만약 원칙이 있어도 지켜지지 않으면 지키는 사람의 불만이 더 커져 없는 것보다 못한 결과를 초래한다. 원칙이 있다면 그 원칙은 반드시 지켜져야 한다.

기강을 해치는 구성원은 자신의 행동에 대해 반성하게 하고 다시는 그러한 행동이 반복되지 않도록 일벌백계로 다스려야 한다. 조직장이 먼저 솔선수범해야 한다. 회사가 망한 다음에 조직과 구성원은 의미가 없다. 회사가 망하지 않게 하기 위해서 최선 그 이상을 해야 한다. 팀원들이 3배 이상 노력한다면, 팀장은 최소 5배 이상 노력해야 한다. 가장 먼저 출근하고 가장 늦게 퇴근하면서 성과를 올리는 것이 팀장이라고 김 팀장은 다짐한다. 사실 원칙을 지키는 것은 처음에는 힘들겠지만, 자신에게도 가르침이 되고 조직의 모든 사람에게 긍정적 메시지를 남기게 된다. 정했으면 철저히 지켜야 한다. 만약 자신의 잘못을 알지 못하거나, 뉘우치지 않는다면, 일정

기간을 정해 설득해야 한다. 일정기간 후에도 행동의 변화가 없다면 조직에서 내보내는 것이 옳다. 조직은 단체가 움직이는 곳이지 한 사람에 의해 좌우되는 것이 아니기 때문이다.

떠날 때 환영 받는 조직장이 되어라
자신을 명확히 인식한다
조직장의 매력을 느끼게 한다
바다가 되어라
앞과 뒤가 다르면 곤란하죠?
일과 생활에 균형을 가져라
술자리에서 매너
화를 참다
메모
자신이 한 말은 반드시 지킨다

PART 7

자기 관리

떠날 때 환영 받는 조직장이 되어라

조직장으로 정년퇴임하고 떠나는 사람은 그리 많지 않기 때문에 행복하다. 많은 기업들이 조직장으로 정년까지 있으면 부담스러워 한다. 생산성이 낮은 것도 큰 이유이지만, 후배들의 앞길을 막는 면도 있고 무엇보다 얼마 남지 않은 임기 동안 공적 기여보다 개인적 사심을 채우려 하는 사람이 있다 보니 조직과 구성원에 미치는 부정적 영향이 크기 때문이다. 매년 성과평가를 실시하여 조직장의 In out을 지속적으로 실시한다. 보직해임 또는 자회사 전출이나 퇴직을 유도한다. 물론 성과가 좋은 조직장은 임원으로 승진시키거나 현 직책을 유지하게 한다.

김 팀장이 존경하는 2명의 선배가 있다. 이철수 팀장은 팀장으로서 자신이 임원감이 아니라는 판단을 하고 더 이상 회사와 후배에게 짐이 되어서는 안 된다는 생각을 갖고 김 팀장에게 자리를 물려주고 낙향했다. 촌에서 자라 촌 일이 좋고, 자신은 영원한 촌사람이라고 평소 즐겨 이야기하더니 시골에 내려가 유기농 채소와 사과나무에 푹 빠져 있다. 귀향하기 전 고민도 많았다고 한다. 그러나 회사가 한 단계 더 성장하기 위해서는 좀 더 도전적이고 열정적이며 역량이 있는 사람이 장이 되어 이끌어야 한다며 김 팀장을 추천했고 자신은 퇴직금 이외 아무 것도 받지 않고 20여 년 동안 회사가 베풀어 준 은혜에 감사한다는 말만 남기고 환송식도 없이 낙향했다.

다른 한 명은 홍길동 전무이다. 부사장으로 승진을 눈앞에 둔 시점에서 2년 전 자신이 근무했던 부서에서 부정사고가 발생했는데 그 부정사고의 시점이 자신이 근무했던 시점부터였다고 한다. 홍 전무는 자신의 책임이라며 회사에 죄송하다며 후배들은 잘못이 없으니 용서해 달라고 부탁하며 자신이 모든 책임을 지고 퇴직을 했다. 2년 전 근무했던 곳이며, 알지도 못한 일이었는데 왜 전무님이 책임지냐는 주위의 권고를 물리치고 홍 전무는 퇴직했다. 홍 전무는 퇴직 후, 30년 동안 자신이 연구한 프로젝트와 고민들을 1년 넘게 매뉴얼 형식으로 정리하여 회사에 보냈다. 지금 회사는 홍 전무로 인하여 한 수준 높은 직무가 수행되고 있을 뿐 아니라 임원이 책임지는 문화가 정착되었다고 한다.

구성원들에게 존경하는 상사와 함께 일하기 싫은 상사를 선정하게 하였다. 존경하는 상사로는 인격적으로 대해 주는 상사, 인정하고 칭찬해주는 상사, 솔선수범하는 상사, 방향을 제시하고 대안을 주는 상사, 결제를 잘 받아 주는 상사, 마음이 통하는 상사, 편애하지 않는 상사, 배려해 주는 상사 등이었다. 반면 함께 일하기 싫은 상사는 그 정반대의 경우가 많았다. 그 중에서 인격적으로 모독을 받은 구성원은 그 감정이 오래감을 엿볼 수 있었다. 세월이 흘러도 비슷한 양상이 될 것이다.

그러나 지금 상사의 입장에서 보면 억울함이 많을 것이다. 1950~70년대의 우리나라는 하루 두 끼를 먹으면 보통으로 사는 가정이었다. 배고픔이 당연시되던 시절이었기 때문에 누가 세끼를 해결해 준다면 뭐든지 한다고 했던 시절이었다. 이 시대에는 처음 직장에서 혼나가며 일을 배웠다. 맞는 것에 그리 의미를 두지 않았다. 배우는 것이 더 중요했고, 내가 잘하지 못하니까 맞는다고 당연하게 생각했다. 그렇게 직장을 다녔다.

지금 일을 잘못한 직원을 혼내려면 참 여러 가지 규칙이 필요하다. 일단 조용한 곳으로 불러야 한다. 잘못한 것을 구체적으로 혼내야 하며, 하나의 행동에 대해 여러 번 이야기하면 역효과가 난다. 혼내는 것도 눈치를 보면서 혼내야 한다. 만약 여럿이 있는 곳에서 목소리 높여 혼내면 그 상사는 바로 나쁜 상사가 된다. 조직문화를 역행하는 사람이 되어 기피 대상 1호로 뽑히게 된다. "나는 그렇게 배우지 않았는데……."는 의미가 없다. 시대와 상황이 바뀌었기 때문에 리더십도 바뀌어야 한다.

좋은 상사가 되려면 구성원에게 어떤 모습을 보여 주어야 하는가? 첫째, 무조건 인정하고, 칭찬하고 배려한다고 좋은 상사는 아니다. 내가 성장하도록 이끌어 주고, 하나의 일을 제대로 하도록 마음에서 우러나는 질책을 해 주는 상사가 보다 좋은 상사이다. 직장 생활을 하면서 마음 좋은 상사는 많이 만나도 나를 진정으로 이끌어 준 상사는 많지 않을 것이다. 그만큼 모든 구성원에게 좋은 상사가 되기는 어렵다. 좋은 상사가 되기 위해서는 먼저 지난날에 자신이 겪은 일들을 되새겨 보는 자세가 중요하다. 과거의 경험으로부터 지혜를 창출해야 한다.

둘째, 나를 중심으로 남을 바라보는 마음이 필요하다. 내가 구성원을 사랑하는데도 친해지지 않으면 내 사랑이 부족하지 않나 반성하고, 내가 잘 대해줬다고 생각하는데도 기대한 수준보다 미흡하게 반응하면 내 자신부터 그 원인을 생각해야 한다. 자신의 허물을 알고 있는 사람이 진정한 현인이라고 한다.

셋째, 구성원이 진심으로 성장하고 뛰어난 인재가 되기를 기원하며 지원해야 한다. 모든 조직장의 시간이 다 여유 있는 것은 아니다. 때로는 구성원의 말을 들으면서 문서를 보기도 하고, 전화를 받으면서 일을 처리하고, 집중할 시간이 필요해도 시간에 쫓겨 일을 처리해야 하는 경우도 많다. 그러나 아무리 시간이 없어도 부하 혼내는 일만큼은 시간을 내야 한다. 그 순간이 지나면 그 부하는 또 유사한 잘못을 할 것이고, 이런 일이 반복되면 그 일이 습관이 되어 고칠 수 없게 되는 것이다. 유능한 부하를 무능하게 만들기는 쉽다. 반대로 무능한 부하를 유능하게 만들기는 매우 어렵다. 그만큼 노력이 요구된다.

넷째, 사심을 버려야 한다. 내가 하는 모든 행동에 나의 욕심이 들어가 있으면 진실로 보이지 않는다. 오히려 자신이 초조해지게 되어 있다. 사심을 버리면 주위를 바라볼 수 있는 혜안이 생긴다. 반성하게 되고 사고하게 되는 자신을 찾게 된다. 사심 없는 상사와 함께 하는 구성원은 결코 상사가 나의 성장과 직장생활의 즐거움을 뺏어가는 1순위 원인 제공자라고 생각하지 않는다.

선배들의 정년퇴임식이다. 많은 선배들이 35년 동안 이 회사에 근무하면서 아내를 만나 결혼했고, 자식을 낳아 교육을 시켰으며, 건강하고 행복하게 살게 해 줘서 고맙다는 인사를 하고 단상을 내려온다. 하나같이 아쉽다고 한다. 그러나 회사와 남은 후배들에게 꿈과 도전과 열정을 강조하며 모든 후배들이 기립하여 감사의 마음을 전하는 모습으로 떠나는 선배는 그리 많지 않다. 떠날 때 가슴에서 우러나는 박수를 받고 떠나기를 김 팀장은 결심한다.

자신을 명확히 인식한다

성공한 조직장의 공통점은 자기인식이 강하다는 것이다. 자신의 약점과 강점을 명확하게 인식하고 있을 뿐 아니라, 자신의 현재 모습과 자신의 미래 바람직한 모습을 놀랍게도 정확하게 형상화하며 나아간다고 한다.

많은 사람들이 앞만 보고 달려왔다는 이야기를 한다. 자신을 인식할 시간도 없이 그냥 바쁘게 살아왔다고 한다. 어느 순간, 바쁘게 살아온 자신을 돌아보며 "나는 누구인가?"를 외친다고 한다. 불혹의 나이를 넘긴 사람들에게 가장 해 보고 싶은 일이 무엇이냐고 물어보면, 자신을 찾아 한 번은 혼자만의 여행을 떠나고 싶다고 한다. 노조위원장으로 지내던 한 지인은 올해 목표를 '나를 찾아 떠나는 해'로 하고, 평소 본인의 마음속에 간직된 100명을 만나는 계획을 세워 실천하고 있다고 한다. 수년에 걸쳐 100명의 고마운 사람을 만나고 그 속에서 자신을 찾고 감사의 마음도 전하겠다는 그 과정을 경험하면 자신을 잃고 50년을 앞만 보고 달린 자신이 부끄러울 때도 있을 것이다.

현장 생산직 직원들은 대부분 정년이 보장되어 있다. 문제는 60세가 되어 정년퇴직을 한 다음이 문제이다. 제대로 취미생활 하나 만들지 못했다. 산에 가는 것도 한두 번이고, 평소 안 하던 일을 하려면 눈치가 이만저만이 아니다. 그렇다고 아내처럼 주위의 많은 친구를 사귀어 돈 안 들고 놀 수 있는 것도 아니다. 안방에서 텔레비전을 보며 시간을 보내다 보면 아내에게 정말 귀찮은 존재가 된다. 58세 넘은 고참 직원에게 물어 보면 10명이면 10명 노후생활이 걱정된다고 한다. 정년까지 아직 많이 남았는데, 지금부터 노후생활을 즐길 그 무엇을 개발하라고 하면, "이 나이에 무엇을 해, 그냥 가면 되지."라고 말한다. 의욕이 없는 것보다는 두려움에 자신을 묻어 버린다. 주거, 식생활 및 의학의 발달로 100세까지 살아가는데, 60세도 안되어 할 일이 없다면 남은 인생이 얼마나 슬프겠는가? 나를 찾지 못한 탓이며, 인생을 제대로 즐기지 못한 탓이다.

한 신입사원이 사회 초년생이었을 때의 이야기이다. 입사한 지 얼마 되지 않아 팀장 때문에 퇴사를 생각했던 적이 있었다. 이 팀장은 모든 프로젝트와 일을 칼같이 해결하는 분이었는데, 부하직원들도 자기처럼 할 수 있어야 한다는 신념이 있었기 때문에 신입사원이 매우 힘들었다고 한다.

어느 날, 잦은 야근에 피곤해서 공장에 신제품 표본 제작을 의뢰

했는데, 1,000개만 받으면 되는 것을 10,000개로 주문하는 큰 실수를 하게 되었다. 실수를 알았을 때는 이미 3,000개의 제품이 제작된 후였다. 이 제품의 출고가는 8만 원, 2,000개면 1억 6천만 원. 이 큰 문제를 해결할 방법이 없다고 생각하여, 신입사원은 무서운 생각에 도망치듯 회사를 무단 퇴사해버렸다. 그런데 얼마 지나지 않아 자신을 찾아온 사람은 다름 아닌 팀장이었다. 팀장은 집 안에 숨어 있던 신입사원을 끌고 나와 한마디 질타 없이 함께 새로운 판매처를 확보하기 위해 찜질방과 여관을 전전하며 전국을 돌아다녔다. 그리고 사흘 뒤, 2,000개의 신제품을 팔게 되었다.

다시 회사로 복귀한 신입사원에게 사장은 팀장의 사표를 전해 주었다. 팀장은 자신이 이 일을 해결하지 못하면 책임지겠다며 사장에게 사표를 맡기고 신입사원과 함께 나선 것이었다. 감사하다는 신입사원에게 팀장은 "해결할 수 있다고 판단했으니까 사표까지 낸 거다. 특별히 널 위해서 그런 것은 아니야. 정 고맙거든 나중에 네 후임이 실수했을 때 너도 사표 던질 각오로 그 일 해결하면 돼."라고 담담하게 말하였다.(따뜻한 동행의 글 중에서) 자신을 아는 조직장의 모습이다.

조직장으로서 어떻게 자신을 찾아가야 하는가? 김 팀장은 자신을 찾는 5가지를 정했다. 첫째, 인생을 통해 하고 싶은 것 100가지를 정했다. 단순하게 할 수 있는 것이 아닌 어느 정도 노력과 시간 및 돈이 필요한 다소 도전적인 목표이다. 아내와 함께 한 달간 유럽 여행하기, 아프리카 밀림에서 2주간 생활하기, 가난한 아이 100명에게 꿈을 심어 주기 등 뭔가 이 사회에 도움이 될 수 있는, 내가 받았다면 사회에 주고 갈 수 있는 의미 있는 일과 자신을 기쁘게 할 100가지 목표를 설정했다.

둘째, 하루에 자신만의 시간 30분을 떼어냈다. 이 30분은 온전히 김 팀장 자신만의 시간으로 하기로 했다. 좀 더 즐거운 일을 한다면 더욱 의미 있을 것이라 생각했고, 이 30분을 위해 김 팀장은 다른 시간에 더욱 열중하게 되는 자신을 보게 되었다.

셋째, 이제부터는 아내와 자녀에 대한 시간을 더욱 갖기로 했다. 아내와는 특별한 일이 없으면 하루에 30분 이야기하는 것을 습관화한다. 아내는 하루 종일 남편이 오기를 기다려 오다가 이제는 마음이 굳어져 버렸을 것이다. 지속적으로 노력하여 아내가 처음 만났을 때처럼 이야기꽃을 피워야 한다고 생각했다. 아이들과는 얼굴을 보고 10분을 이야기한다. 얼굴 보는 것이 어려우면 전화 문자를 2번 이상 한다.

넷째, 취미를 갖는다. 취미는 내가 만드는 마음의 다른 표현이다. 자신의 생각과 성격이 취미를 통해 나타난다. 한 달에 한 번 전국의 하천이나 장터를 찾아보는 것을 취미로 할 수 있다. 지금은 많이 사라졌지만, 5일 장터의 활기찬 모습을 접하다 보면 젊은 시절의 열정이 용솟음친다. 그 가운데 사진이나 장사하시는 분들의 구수한 입담을 모아 글로 적는다면 잊혀져가는 것을 생각나게 하는 사람이 될 수 있다는 느낌을 받았다. 개미에 심취한 어느 교수님이 있다. 개미 생활을 관찰하면서 자연을 보며 세상을 보는 눈이 더욱 밝아졌다고 한다. 큰 생각 없이 그저 좋아서 했던 취미이지만, 내 마음에 따라 인생의 기쁨을 가득 느끼게 해 준다.

다섯째, 하루에 한 장 이상 자신만을 위한 글을 쓰기로 했다. 무엇인가 적기 위해 하루를 보다 의미 있게 보낼 것이며, 떠나는 그 순간 자손들에게 좋은 가르침이 될 것이다.

"내가 누구인가?", "나는 지금 잘 살고 있는가?" 분명 자신에게 묻고 또 묻는 중요한 이슈이다.

조직장의 매력을 느끼게 한다

S전자 구미사업장의 장 전무가 갑자기 교통사고로 사망했다. 이분은 1만 명이 넘는 직원들을 한 명 한 명 만나 고민을 들어주고 즐겁게 회사생활 할 수 있도록 용기를 불어 넣어 준 것으로 유명하다. 집 떠나 기숙사 생활을 하는 어린 직원들의 마음을 헤아려 기숙사 내에 강아지를 키울 수 있게 해줬고, 사원들과 함께 자장면을 먹고 커피 한 잔을 나눴다. 3일 내내 장례식장은 현장의 근무자로 붐볐고, 이들은 떠나기 전에 마지막을 뵙겠다며 왕복 6시간 이상의 이동을 불사한다. 생전에 장 전무는 3천 원짜리 자장면과 3백 원짜리 커피 한 잔으로 사원들의 마음을 샀다.

누구나 조직장이 될 수 있다. 비록 조직장으로서의 능력을 갖추지 못했다 할지라도 완장을 채워 주면 얼마간은 조직장으로서의 흉

내는 낼 수 있다. 중요한 것은 미래의 바람직한 모습이다. 나에게 변화를 주는 그런 조직장은 그리 많지 않다. 내 마음을 뛰게 하고, 그와 함께 있으면 마냥 행복한 매력적인 조직장은 쉽게 만들어지지 않는다.

조직장인 내가 나 자신을 진정 존경하고 사랑스럽게 생각하는가? 내 삶의 목적이 어떻게 나의 행동에 반영되고 있는가를 명확하게 인식하고 있을 때, 조직장의 매력은 비로소 발휘된다. 남이 나를 어떻게 알아주는가보다 내가 내 행동에 신뢰와 책임감을 느낄 때 가능한 일이다. 매력적인 조직장은 자신의 작은 소리도 경청할 줄 알며, 비관적이며 파괴적인 생각을 긍정적이며 생산적인 사고로 바꾸어 밝게 행동해 간다. 김 팀장은 자신의 마음속에 간직된 사람도 중요하지만, 타인의 마음속에 자신이 간직되어 있도록 노력한다.

어떤 조직장이 매력적으로 느껴질까? 출근하는 김 팀장이 팀원 자리를 지나면서 보게 된 것은 자신의 사진이 들어있는 액자였다. 아니 왜 내 사진을 액자에 넣어 책상 속에 넣었을까? 김 팀장은 팀원인 이 과장을 불러 그 이유를 물었다. 이 과장은 "자신의 롤 모델이 팀장님이고, 매일 출근과 동시에 책상을 열고 파이팅을 외치며 하루를 시작한다."라고 대답한다.

조직장이 자신을 매력적으로 보이기 위해 노력하는 모습도 중요하지만, 더욱 중요한 것은 남에게 매력적으로 기억되어야 한다는 것이다. 상사가 매력적으로 보이려면 먼저 업무를 처리하는 능력이 중요하다. 일에 있어 전문성이 있어야 한다. 물론 전문성이 떨어질 수 있다. 모르는 일을 담당할 수 있다. 그 상황에서 직원의 일에 대한 설명을 듣고 큰 틀에서 회사에 도움이 될 수 있도록 방향을 주고 동기부여 시키는 조직장이 매력적이다. 또한 일을 하는데 심취가 되어 깊숙이 빠져 버리는 조직장도 매력적이다. 한 가지 의사결정을 위하여, 하나의 과제를 해결하기 위하여 그 일에 몰입하는 모습이 존경심을 자아낸다.

한편 책임지는 조직장의 모습은 특히 아름답다. 몇 년 전의 일이다. 모시던 본부장이 갑자기 퇴임을 말하였다. 자신이 전에 다른 본부장으로 있을 때 문제가 된 일이 회사에 피해를 주게 되었다. 자리를 떠난 지도 몇 년이 지났고, 새 조직장도 분명 인식하고 있었을 것이다. 하지만 누군가는 책임을 져야 하며 그 책임지는 사람은 가장 직책이 높은 본인이 되고 아랫사람은 용서해 달라고 요청한 그 경영자는 매력적인 조직장이다.

네트워크가 강한 조직장도 매력적이다. 내 · 외부 네트워크가 강하여 어려운 요청을 해도 척척 해결하는 그런 인간관계력이 부러울 때가 많다. 사람에 대한 사랑이 가득하여 모든 사람으로부터 칭송이 자자하며, 기본적으로 남을 이해해 주는 넓은 마음을 보유한 조직장이 매력적이다.

자신감이 넘치고 언제나 긍정적인 조직장 역시 매력적이다. 그분만 보면 왠지 할 수 있을 것 같고, 함께 근무한다는 것 자체가 즐거운 그런 조직장이다. 항상 자신에 찬 언행으로 긍정적 사고와 메시지를 주는 조직장이 내가 닮고 싶은 조직장이다.

조직장은 조직장만의 향기가 있다. 멋과 맛의 품격을 간직한 조직장의 향기는 깊이 그리고 넓게 퍼져 나가 주위의 구성원들을 물들게 한다. 구성원들이 조직장의 향기에 흠뻑 취하고 본받게 된다면, 그 조직은 어느덧 일하기 좋은 곳이 된다. "내가 이곳에 근무하는 것이 자랑스럽다."라고 즐거워하게 된다. 구성원들이 조직장을 닮아 간다. 조직장이 하는 생각, 행동 그리고 말하는 습관까지 닮아 간다. 그들은 현재를 중심으로 미래를 준비할 줄 알며, 한 사람 한 사람을 배려할 줄 안다. 조직장의 매력은 바로 구성원을 또 다른 조직장으로 만드는 데 있다. 김 팀장은 조직장의 향기 속에 푹 빠진다.

바다가 되어라

김 팀장이 자주 거론하는 이야기가 바로 '바다론'이다. 바다는 세상의 온갖 물들을 수용한다. 깨끗한 물도 있고 오염되어 악취를 풍기는 물도 있다. 큰 강물을 따라온 물도 있고, 하늘에서 떨어지는 빗물도 있다. 세상의 모든 물을 수용하는 이유는 가장 낮은 곳에 위치하기 때문이다. 그러면서 모든 바닷물은 본성을 잃지 않는다. 어느 바닷물도 다 짜다. 낮은 곳에 있는 바다를 사람에 비유하면 바로 겸손이다. 겸손하기 때문에 희로애락을 수용한다. 그러면서도 세상을 옳게 바라보는 지혜를 잃지 않는다. 작은 시냇물은 조그만 외압에 크게 요동친다. 그러나 바다는 그 어떠한 외압에도 크게 요동치지 않는다. 묵묵히 자신을 지켜 갈 뿐이다. 노자는 말하였다. "누구든 자기를 높이는 자는 낮아지고, 자기를 낮추는 자는 높아질 것이다."

퇴임식장에 가면 그분이 어떤 생활을 해 왔는가를 엿볼 수 있다. 퇴임하는 한 상사를 위해 회사가 마련해 준 자리에, 어쩔 수 없이 나와 거짓 웃음을 지으며, 악수와 함께 "고생하셨습니다."를 외치고 바로 사무실로 가는 직원을 생각해 봐라. 혹은 떠나는 상사를 보내기 아쉬워 이른 시간부터 퇴임식장에 와서 기다리다가 들어오는 그분의 손을 붙잡고, "좀 더 우리와 함께 근무하면 안 되나요."를 애타게 외치는 직원이 있다고 생각해 봐라. 당신은 어떤 상사와 일하고 싶을까? 왜 이렇게 다른 모습이 되었을까?

자신을 높이기에 급급했던 상사가 퇴직한 후 우연히 네거리에서 마주치게 되면 당신은 보지 못한 듯이 고개를 돌려 옆길로 황급히 걸어가지는 않는가? 하지만 항상 자신을 낮추고 후배를 배려해 준 퇴직한 상사를 네거리에서 보았을 때 황급히 뛰어와 "선배님, 어떻게 지내셔요? 건강해 보이시는데, 지금 시간 되시면 제가 소주 한 잔 올리겠습니다." 하며 손을 잡고 기뻐하는 모습이 더 아름답지 않은가?

수성이 창업보다 더 어렵다고 했다. 한 번 성공을 맛보면 더 큰 성공을 위해 무리를 하게 된다. 자신감이 생기고, 자신이 최고인 양 행동하게 된다. 지금껏 자신을 도와 준 많은 사람보다 내가 잘나 이 모든 것을 성취했다고 생각한다. 많은 사람들이 자기가 남보다 더 나은 사람이 되기를 희망한다. 좀 더 많은 성취를 해야 하고, 좀 더 많은 말과 일을 맡아 하고, 좀 더 인정과 칭찬을 받기 원한다. 자연스럽게 경쟁이 생기고, 교만과 시기 속에 갈등을 초래한다. 궁극적으로는 불 속에 뛰어드는 하루살이처럼 망하게 된다. '부자가 3대 가기 어렵다'는 말은 바로 이러한 면을 단적으로 보여 준다. 쌓은 것을 지키는 것이 덕이며 겸손이다.

겸손한 조직장은 때로는 한 걸음 물러나 양보할 줄 아는 사람이다. 이미 인생의 바닥을 경험한 사람은 더 이상 잃는 것에 대해 두려워하지 않는다. 마음을 비운 사람은 더 이상 물질의 유혹이 그를 사로잡지 못한다. 그러나, 직장생활을 하면서 이러한 밑바닥을 경험하거나, 모든 것을 잃어버릴 일들이 적다 보니 양보하는 법을 모른다. 승부의 세계에서 앞으로 전진만을 요구하게 된다.

퇴직한 선배들이 즐겨 쓰는 말이 있다. "있는 순간에 잘해라." 무슨 뜻인지는 알았지만, 이 말 속에 뼈가 있다는 것을 깨달은 것은 오래 되지 않았다. 임원으로 근무한 선배가 퇴직했다. 임원으로 있으면서 자신의 안일만 추구했을 뿐, 후배와 동료들을 전혀 배려하지 않았다. 오직 상사만 지향했다. 퇴임하게 되었을 때, 아무도 개인 짐을 정리하는 것을 도와주려 하지 않았다. 아무도 향후 무엇을 할 것이며, 어디에서 생활할 것인가에 대해 묻지 않는다. 평소 주위 사람들에게 조금만 더 잘했다면 이렇게 냉대를 받지는 않을 것이다. 이제 한 살 한 살 나이를 더해 갈수록 보다 현명한 사람이 되어, 한 걸음 물러나 상황을 주의 깊게 살피고, 넓은 안목으로 냉철하게 판단해야 한다.

조직장은 기고만장하는 사람이 아닌 흐르는 깊은 강물처럼 겸손하게 이끌어 가는 사람이다. 때로는 역류하는 경우도 있고, 때로는 큰 풍랑이 되어 거칠어질 때도 있을 것이다. 그러나 김 팀장이 생각하는 조직장은 철학과 원칙을 가지고 전체를 보면서 항상 중용의 길을 걷는 사람이다.

앞과 뒤가 다르면 곤란하죠?

김 팀장은 회사의 사원과 대리급으로 구성된 주니어보드에게 '우리 회사의 병폐가 무엇인가?'에 대한 설문 조사를 의뢰했다. 주니어보드는 일반적으로 알려진 회사의 병폐에 대해 1차적으로 인터뷰를 실시했다. 경영층과 관리층 그리고 사원까지 폭넓은 인터뷰를 진행했고, 그 과정에서 회사의 병폐 50가지를 도출하였다. 이 50개의 내용을 중심으로 설문조사를 실시하여 각 항목에 대한 구성원의 인식 정도를 파악했다.

결과는 놀라웠다. 가장 응답률이 높은 항목은 부서 개인 이기주의였다. 신뢰가 회사의 핵심가치였고 이를 매우 강조해 왔는데 생각보다 이기주의의 비중이 높았다.

두 번째가 성과 능력보다는 상사와의 관계가 더 인정받는다는 내용이었다. 상위 20개 항목에는 이대로 간다면 회사가 위태로울 수도 있다는 내용이 있었다. 술을 마시고 다음 날 지각을 해도 인정해준다. 회의나 약속 시간에 항상 5분 늦는 것은 기본이다. 원칙과 규율을 정해 놓고 정작 자신은 지키지 않는다. 앞에서 한 말과 뒤에서 한 말이 다르다. 모든 중요한 의사결정은 술자리에서 이루어진다. 등등 많은 불만들이 터져 나왔고 보고를 받는 CEO의 표정은 굳어져 갔다.

이를 해결하기 위해 김 팀장이 가장 먼저 추진한 것은 '기본 지키기'였다. 시간 지키기는 중식 식당의 문을 정확하게 12시에 개방하는 데서 시작했다. 며칠 동안 왜 문을 개방하지 않느냐는 불만이 있었지만 얼마 되지 않아 12시에 식당에 모이게 되었다. 회의는 무조건 약속한 정시에 인원에 관계없이 시작하였다. 중역회의는 정시에 문을 닫아 늦게 도착한 사람은 입장할 수 없게 하였다. 정시 출근과 정시 퇴근운동을 전개하는 등의 작지만 구체적인 활동을 추진하였다. 상호 호칭도 정비하였다. 직급 간 호칭을 분명히 하여 공장에 만연해 있는 형-아우 호칭을 사용하지 못하도록 하였다. 많은 반발이 있었지만, 공사의 구분을 위해 설득하고 강행하였다. 회사의 룰을 어기는 것에 대해서는 엄격하게 규정을 적용하여 유사한 일들이 발생하지 않도록 하였다. 특히 금전적 부정사고, 상사의 지시 불이행, 술 마시고 추태 및 음주 운전, 회사 밖에서의 불미스러운 일에 휘말리는 직원들에 대해서는 특히 엄하게 규정을 적용했다. 반대로 잘하고 있는 부서와 개인은 핵심가치와 연계하여 매주 그 사례를 발굴하여 전사적으로 홍보하고 장려하였다. 3개월이 지나면서 회사

내 분위기가 보다 긍정적으로 달라졌다는 주니어보드들의 이야기를 접할 수 있었다.

수없이 많은 경영기법이 변하였다. QC(품질관리), TQM(전사적 품질경영), 고객만족, 리스트럭쳐링, 리엔지니어링, 고객만족, BSC, 6시그마, 학습조직, 전략경영 등등 이런 저런 기법을 도입하여 적용했지만, 지속적으로 추진하여 그 성과를 본 기법은 그리 많지 않다. 근본적으로 기반이 되는 기본 지키기가 약했기 때문에 반짝 효과만 보고 사라져 갔다. 많은 혁신부서는 그냥 기본에 충실하고 단순하게 판단했으면 하는 아쉬움을 느껴 보았을 것이다.

직장생활을 하면서 일과 성과에 대한 엄청난 유혹을 받을 때가 있다. 평소 해보고 싶었던 일이라면 더욱 욕심이 생기고 무리가 있지만 추진하고 싶어 한다. 보통 이를 합법과 불법의 경계선에서 일한다고 한다. 사실 대기업이 망하는 원인을 보면 한 순간의 잘못으로 망하는 경우는 드물다. 조금씩 조직이 기본을 벗어난 제도를 운영하며, 경영진의 변화 욕구와 구성원의 무리한 욕심에 의해 서서히 무너져간다.

김 팀장은 팀원들에게 무모한 도전에 대해 강한 조언을 한다. 전체의 이익과 조화를 이루면서 일을 추진해야 하는데 실적에 사로잡혀 무리하게 독불장군 식으로 의사결정하고 추진하는 팀원들을 불러 합리적으로 안 되는 점을 이야기하며 좀 더 전체 관점에서 심사숙고하고 나아가도록 이끈다. 김 팀장은 불법의 경계에까지 가지 말고, '본업에 충실해라'는 말을 자주 한다. 더 이상 사업을 확대하지 말고, 본업에 충실하여 누구도 모방할 수 없는 핵심역량을 키워 가라고 한다. 600년 넘는 일본의 국수가게부터 3M, GE, P&G 등 세계적 기업들은 변화를 하면서도 본업의 철학과 정신을 잃지 않고 있음을 강조한다.

김 팀장은 '조직장으로서 가져갈 기본은 무엇인가?'에 대해 고민한다. 조직장은 항상 준비된 사람이어야 한다. 첫 직장 생활할 때, 그날 할 일들을 꼼꼼히 생각하고 준비하고 긴장된 상태로 자신을 이끈 것처럼 초심을 잃지 않는 준비된 사람이어야 한다.

조직장은 고민하고 연구하는 사람이어야 한다. 하나의 과제를 처리하는 데 있어, 시간에 쫓기어 의사결정하기에 급급한 사람이 아닌, 보다 바람직한 모습으로 나아가도록 고민하고 연구하여 성과를 창출하도록 이끄는 사람이다.

조직장은 경청하고 인정해 주는 사람이어야 한다. 조직장은 혼자 성과를 내는 사람이 아니다. 전 구성원이 통합된 성과를 발휘하도록 그들의 말을 경청하고, 동기부여 시키며 성과를 향해 나가도록 해야 한다. 또한 조직장은 자극하는 사람이다. 고인 물은 썩듯이 물이 흐르도록 지속적으로 자극하여 구성원을 뛰게 만들어야 한다.

마지막으로 조직장은 의사결정을 하는 사람이다. 의사결정은 조직장의 권한이기도 하지만, 그에 따른 책임도 있다. 의사결정 하는 조직장은 심사숙고를 해야 한다. 그러나 결정을 했으면 강하게 밀어붙이고, 잘못된 일에 대해서는 책임을 지는 사람이 되어야 한다.

김 팀장은 '조직장은 배가 항구로 가도록 인도하는 항해사와 같은 역할을 한다'고 생각한다. 만약 항해사가 자기 마음대로 동쪽으로 갔다 남쪽으로 가고, 다시 서쪽으로 가는 것을 반복한다면, 배는 결코 항구에 도달하지 못할 것이다. 기본에 충실한 조직장은 원칙을 지키고, 단순하게 생각하며, 실천하는 사람이다.

일과 생활에 균형을 가져라

어느 카드 회사의 광고 문구인 "열심히 일한 그대, 떠나라!"가 직장인들의 가슴을 뛰게 했다. 수많은 조직장들은 앞만 보며 달려온 것에 수긍한다. 60년대와 70년대 직장생활 하신 분들은 정말 바삐 살아왔다. 가족을 생각할 틈이 없었고, 사업이 성장함에 따라 집은 하숙집에 불과했다. 이분들의 노력으로 일인당 소득 100불밖에 안 되던 우리나라가 인당 소득 3만 불이 되었다. 반면, 그들은 너무나 많은 것을 잃어버렸다. 자식들과 대화가 끊긴 지 오래 되었고, 아내도 말을 하지 않는 것을 더 편하게 생각한다. 퇴직하고 난 후의 노후생활을 한 번도 생각해 본 적이 없기 때문에 정작 퇴직하고 할 일이 없다. 일만 하고 살아 왔기에 새로운 사람 만나는 것도 어색하고, 이 나이에 뭔가 배운다는 것이 불편하며 왠지 싫다. 자연스럽게 방구석에서 텔레비전을 보며 늙어 가는 자신을 한탄한다.

65세에 정년퇴임한 교수님과 함께 한 분을 찾아 갔다. 교수님의 은사님으로 올해 90세를 넘기셨다. 그분은 교수로 정년퇴임 후, 얼마 가지 않아 하늘나라로 갈 것이라 생각하셨다. 그래서 시골로 내려와 자연과 벗하며 시간을 보냈다고 한다. 지금 돌아보니 당신이 90살까지 살 거라고 한 번이라도 생각했다면 이렇게 살지 않았을 것이라며, 은퇴한 제자 교수에게 "더욱 공부하고 책도 쓰고 젊은이들에게 많은 강연을 통해 그들과 함께 하는 시간을 가져라." 하며 조언하신다.

평소에 일과 생활의 균형을 가져갔다면, 이런 후회는 없었을 것이다. 일을 할 때에는 일밖에 몰랐다. 어려운 환경이었기에 보다 끈질기게 일해야만 겨우 한 가정을 이끌어갈 수 있었기에 일에 푹 빠질 수밖에 없었다. 30년 넘게 직장생활을 하면서 결혼도 하고, 자식을 낳고, 이들이 대학을 졸업하고 좋은 직장에 입사하여 좋은 사람 만나 행복하게 사는 과정을 지켜보느라 다른 것을 할 겨를이 없다고 한다. 이제 정년을 앞두고 무엇을 할 것인가 생각하면 답답해진다고 한다. 정년퇴임한 그 날부터 일이 없는 하루하루 인생만 있다면, 이 또한 슬픈 일이다.

조직장으로서 어떻게 일과 생활의 균형을 찾아갈 것인가? 젊었을 때 취미활동을 틈틈이 하여, 은퇴 후 이 취미활동이 본업이 된 분들을 몇 명 안다. 테니스가 좋아 공장에서 근무하면서 자투리 시간에 공부하여 국제 테니스 심판이 된 한 선배님은 지금도 젊은이들과 테니스를 갖고 토론의 불을 밝힌다. 도자기 만드는 취미를 가진 형은 선생님들과 감사를 해야 하는 지인들에게 자신이 만든 도자기를 선물로 준다. 자신의 약관을 찍어 정성으로 만들었다며 미소 짓는다. 도자기를 받는 사람들이 더 고마워하는 것은 당연하다.

둘째, 생활의 중심인 가족들과 함께하는 시간을 즐기는 것이다. 여행을 가더라도 자식들에게 순번을 정해 몇 월 가족 여행을 누가 계획을 짜고 추진하라는 식으로 하면 보다 다양한 프로그램을 즐길 수 있는 건 물론 가족이 하나가 되는 여행이 된다.

셋째, 가장 중요한 것은 내 마음 속의 균형이다. 하나의 일이 끝났을 때, 자신에 대해 특별한 세리머니를 하고 있는가? 다른 사람들에게는 선물을 주며 축하해 주는데, 정작 자기에게는 소홀해하는 것 아닌가? 내 마음 속에 일에 대한 집착과 생활의 안정과 평화가 함께 해야 한다. 어느 한 편에 잠깐 동안은 차등이 있을 수 있다. 그러나 아무리 바빠도 다른 한 편을 잊어서는 안 된다.

사실 조직장에게 일과 생활의 균형을 가져가라고 이야기하는 것은 아직까지 무리일 수 있다. 본인이 스스로 만들어 가는 것이다. 다만, 젊은 구성원들은 상사의 입장에서 보면 너무나도 철저하게 자신의 입장을 주장한다. 퇴근 후의 잔업을 싫어하고, 회식하는 것도 몇 주 전에 선약을 해야 하는 정도이다. 그들에게 기존의 경험을 이야기하며 강요해서는 곤란하다. 그들에게는 그들의 문화와 인식이 있다는 것을 인정해 주고, 자신도 변화시켜 가야 한다. 매일 밤늦게 퇴근하는 것이 자랑이 아니고, 더 이상 영웅이 되어서는 안 된다. 가정과 자신의 미래를 준비하며 현재의 일에 성과를 올리는 조직장이 보다 바람직한 조직장이다.

술자리에서 매너

술에 대한 영국의 격언 중에 '첫 잔은 갈증을 낫게 하고, 둘째 잔은 영양이 되고, 셋째 잔은 유쾌한 기분을 주며, 넷째 잔은 사람을 미치게 한다'라는 말이 있다. 술이 사람에게 용기를 주고 기분을 좋게 해주다 보니 좀 더 자유스러운 분위기 속에서 이야기를 나누게 된다. 문제는 넷째 잔이다. 넷째 잔을 넘어서면 온갖 갈등과 싸움이 일어난다. 말이 많아지면서 실수가 나오게 되고, 부자연스러운 행동을 낳게 된다. 직장인이라면 술자리에서 낭패를 본 경험이 한두 번은 있을 것이다.

A기업의 술 문화는 유명하다. 술잔을 돌린다. 1차 이상, 처음 함께 한 사람은 끝까지, 술값은 회사 부담이다. 이 기업의 임직원들은 모두가 술을 많이 마신다. 오죽하면 채용 면접 시, 주량을 묻는다.

술을 못 마신다고 하면 신체적 이유 또는 종교적 이유를 묻는다. 신체적 이유라고 하면 가능한 한 채용하지 않는다. 술 문화가 강하다 보니 술 마시고 한 행동에 대해 관대하다. 늦게 출근해도 전날 과음했다고 하면 속은 괜찮냐고 걱정한다. 상대의 주량을 고려하지 않고 술을 권한다. 많은 중요한 의사결정이 술자리에서 이루어지며, 상사는 당연한 듯 당일 술자리 약속을 정한다. 오죽하면 나도 당일 약속을 하겠느냐고 변명하면서 술 약속을 만든다.

술을 많이 마시는 한 부서에 근무한 적이 있다. 5명 이상이 술을 먹다 보면 자제를 한다 해도 각 2병 이상을 마시게 된다. 어느 순간 기억나지 않는 일이 생기게 된다. 일명 필름이 끊긴 것이다. 아침에 일어나면 걱정이 많다. 기억이 없던 상태에서 내가 무슨 언행을 했는지 모르기 때문이다. 그 누구라도 이 정도가 되면 절주해야 한다. 음주에 대한 원칙을 새롭게 정해야 한다. 최소한 술잔을 돌리는 문화만큼은 바꿔야 한다. 음주로 인하여 건강을 해치는 정도가 아닌 직장생활에 오명을 남기게 된다면 부끄러운 일이다.

김 팀장은 술자리에서 조직장이 갖추어야 할 일에 대해 정리하였다. 먼저 술을 권하는 방법이다. 우리나라에서는 자신의 잔을 자신이 받는 것에 조금은 어색함이 있다. 잔을 닦고 상대에게 권하는 것이 예의라고 생각한다. 잔을 돌리는 것보다는 비운 잔을 채워 주는 것이 보다 옳다. 그러나 어쩔 수 없이 잔을 돌릴 때는 잔을 닦고, 오른손으로 주고 다음에 술병을 들어 권하는 것이 좋다. 술병과 술잔을 함께 들고 권하는 것은 좋지 않다. 술잔은 윗사람이라면 70% 미만으로 채우는 것이 바람직하다.

다음은 '말'이다. 조직장이라면 술자리에서 말을 최대한 아끼는 것이 좋다. 구성원에게 많은 이야기할 기회를 주고 분위기를 띄워 주는 수준으로 가져감이 좋다. 나이가 들고 직책이 높아질수록 말이 많아진다고 한다. 직원들은 맛있는 음식을 앞에 두고 상사의 반복되는 무의미한 이야기를 듣고 또 들으며 고통 받기를 희망하지 않는다.

그럼 조직장이 술자리를 떠나는 순간은 언제일까? 마냥 앉아서 직원들과 술잔을 나누기에는 부담이 된다. 보통 술자리는 가능한 한 1시간 남짓으로 마무리하는 것이 좋다. 식사를 겸한 술자리라면, 가능한 한 빨리 식사를 요청하여 식사를 마치고 직원들에게 즐거운 시간이 되도록 격려하고 자리를 피해 주는 것은 어떨까. 물론 계산을 해주고 떠나는 것은 기본이다. 가장 피해야 할 것은 술에 취해 1차로 끝내야 하는데, 자신이 더 목소리 높이며 2차, 나아가 3차로 이어지는 경우이다. 모든 직원들은 상사와 2차 이상 가는 것을 원하지 않는다. 상사이기 때문에 어쩔 수 없이 따라가는 것이다. 또한 음주의 장소는 그날 만나는 사람과 주제를 고려하여 정하는 것은 철칙이다. 자신이 좋아하는 음식만 고집해서는 안 된다. 통상 한식은 양이 많아 술을 더욱 마시게 하는 경향이 있다.

마지막으로 개인에 대한 이야기를 하거나 기분이 좋지 않은 상태에서의 음주는 삼가야 한다. 즉 승진이나 낮은 평가에 대한 불만 등을 해소하려고 저녁 술자리를 갖는 것은 가능한 피해야 한다는 것이다.

술기운을 빌어 억울함이나 섭섭함을 이야기하는 사람도 있다. 대부분의 상사는 공사를 구분하려고 노력한다. 비록 술자리가 사적이지만은 않지만, 술 마시면서 불편한 이야기를 듣고 싶은 사람은 없다. 심한 경우, 더욱 큰 갈등을 초래하여 어렵게 마련한 자리가 더 불편한 관계가 되게 한다. 정치와 종교 이야기도 피해야 할 주제이다. 자신의 철학과 주관이 분명한데, 굳이 갈등을 초래할 필요는 없다.

술자리의 가장 보기 싫은 모습은 무엇일까? 큰 소리로 자기 이야기만 하는 사람, 이미 취한 상태인데도 마구 술을 권하는 사람, 음식을 흘리면서 이리저리 자리를 옮겨 술을 권하거나, 구석에 쪼그려 잠을 자는 사람, 직원에게 무리하게 술을 따르라고 하거나, 하기 싫은 장기자랑 또는 심부름을 시키는 사람도 있다. 대접해야 할 사람인지 대접받는 사람인지 구별을 못 하고 중요한 모임을 망치는 사람도 있다. 자신은 술을 한 방울도 못한다며 분위기를 파악하지 못하는 사람도 힘든 사람이다. 술기운을 빙자하여 용기를 낸다면서 지난 안 좋았던 일을 줄줄이 나열하는 사람도 있다. 더 심한 경우 물건을 던지거나 싸움을 하는 사람도 있다. 도가 지나치면 반드시 후회하게 된다.

김 팀장은 조직장이라면 언제 어디서나 남이 보지 않는 곳에서조차 자신의 품격을 지키는 사람이 되어야 한다고 생각한다. 술자리라면 자신의 주량을 확실히 알고, 그날 건강 상태를 고려하여 주량 이하를 마시는 것을 습관화해야 한다. 1병 이상을 마시지만, 직원들에게 우리 팀장은 소주 반병이 주량이라는 인식을 심어 주는 것도 필요하다. 술이 과해지면 용단을 내려야 한다. 조직장의 말 한마디는 파급효과가 크다. 술자리에서 한 이야기라고 구속력이 없다고 말할 수 있는가? 흐트러진 자세로 거리에 토를 하는 양복 입은 조직장의 모습을 아래 직원이 봤다고 생각해 봐라. 과하기 이전에 삼갈 줄 아는 것이 매너다.

화를 참다

김 팀장이 화내는 모습을 본 적이 없다. 신입사원 시절, 김 팀장은 악순환 과장으로부터 말도 되지 않는 일로 야단을 많이 당했다. 심한 경우, 자신이 하지 않았지만 막내라는 이유로 팀의 공동업무 미이행을 추궁 당했다. 출근만 하면 팀원들은 악순환 과장의 눈치를 보기에 급급했고 여러 차례 팀장에게 건의했지만 팀장 입장에서는 팀의 위계와 신속한 업무 처리 등등의 이유로 무시했다.

악 과장의 화내며 추궁하는 횟수는 점점 많아지고 결국 대리 선배 한 명이 악 과장과 심하게 싸운 후 회사를 그만두게 되었다. 선배는 퇴직하면서 팀의 발전을 위해서는 감정을 절제하는 모습과 조직장다운 품격이 있어야 한다며 조직장이 조직장의 역할을 하지 못하고 이성을 잃어 잘못된 감정을 무절제하게 표출하는 것이 팀에 얼마나 나쁜 영향을 미치는가에 대해 경고의 글을 남기고 떠났다.

그 후 선배가 진행하던 메가프로젝트는 핵심인재의 퇴직으로 인하여 중단되었고 아무도 그 프로젝트를 수행할 역량이 되지 않았다. 악 과장은 그 프로젝트는 김 대리가 도맡아 진행했고 자신에게는 단 한 번도 이야기를 나눈 적이 없다고 변명했다. 결국, 내부 감사팀은 떠난 사람의 무책임으로 결론을 내고 프로젝트는 종료되었다. 김 팀장은 이 사건 이후 상사와 선배의 무절제한 감정 표출이 얼마나 회사에 나쁜 영향을 미치는가를 경험했고, 자신은 그 어떠한 상황에서도 이성을 잃지 않겠다고 원칙을 세웠다.

직장생활을 하면서 가장 화나게 하는 일이 무엇일까? 자신이 한 행동에 대해 인정을 받지 못하고, 나아가 험담을 받는다면 화날 것이다. 자신이 기대한 것과 현재의 자기 수준과의 갭이 크면 클수록 화가 날 것이다. 나아가 자신의 역량을 발휘조차 못 한다면, 좋은 의견을 내더라도 남들이 알아주지 않는다면 화가 날 것이다. 주위나 조직에 어우러지지 못한다면, 최선을 다하고 있는데 왜 이리 무능하며 태만하냐는 질책을 들었다면 화가 날 것이다. 좋은 성과를 내기 위해 밤샘 작업을 하였는데 칭찬도 받지 못하고 험담을 들었을 때, 그것도 상사에게 들었다면 당신의 기분은 어떻겠는가? 더구나 이러한 험담이 당신의 승진이나 이동에 결정적인 영향을 주었다면 정말 화가 날 것이다.

김 팀장의 멘토였던 이 전무는 이렇게 이야기했다. "그래도 당신이 죽은 것 아니지 않는가? 그 모든 험담이나 기분 나쁜 것들을 깊게 생각하고 다 쏟아 버려라. 기분 나쁜 생각을 자꾸 하게 되면 현재뿐 아니라 직장생활 내내 보람과 성취를 추구하지 못한다. 너에게 그렇게 험담한 사람의 마음속에 그 말과 너에 대한 기억은 없다. 너만 괴로워하고 있는 것이다." 옳은 이야기이다. 한 순간의 화남을 참지 못하고, 다 쏟아냄으로써 직장생활을 망친 사람을 김 팀장은 수없이 봐왔다.

조직장으로서 화가 날 때 어떻게 행동해야 할까? 화를 나게 한 원인이 무엇이냐에 따라 다르겠지만, 여러 스타일이 있다. 즉각적으로 화를 내는 사람도 있고, 참기 위해서 창을 바라보거나, 사무실을 나가거나, 즐거운 그 무엇을 하는 사람도 있다. 내적으로 삭이는 사람도 있을 것이다. 화가 난다고 바로 화를 낸다면 화를 내는 사람이 패하는 법이다. 누구나 잘못을 하고 단점이 있다. 잘못이나 단점을 잘 타일러 깨우쳐 다시는 그런 잘못이 일어나지 않도록 하고, 개선되도록 해야 한다.

김 팀장은 일단 타인의 말을 듣는다. 중간에 말을 끊거나 자신의 의견을 강조하지 않는다. 말이 끝난 후에 질문을 통해 구체적인 배경이나 이유에 대해 묻고 왜 그렇게 판단했는가에 대해 의견을 나눈다. 대부분의 사람들은 자신이 인정받고 있다는 생각이 들면 화를 내지 않는다. 무엇인가 무시당했거나, 생각한 것과 큰 차이가 있기 때문에 화가 나기에 들어 주고 말하게 함이 좋은 방법임을 잘 알고 있다.

하지만 김 팀장은 조직장이라면 참지 않아야 할 일이 있다고 강조한다. 한 직원이 있었다. 자신의 일이 중요하다는 이유로 원칙과 팀워크를 무시하고 자신의 이익만을 추구한다면 조직장인 당신은 어떻게 하겠는가? 회사 돈과 물건이라고 함부로 사용하는 직원, 상사의 비인간적이고 이해할 수 없는 무모한 행동, 출근과 시간약속 등 최소한의 기본적인 원칙을 지키지 않는 직원, 자기주장이 강해 다른 팀원의 입장은 전혀 고려하지 않고 팀워크를 깨는 행동 등, 언제까지나 정으로 감싸 주어야 하는가? 직원은 한 명이 아니다. 한 사람의 허물을 덮어 주다 보면 또 다른 사람의 허물에 대해 엄격해질 수 없다. 원칙과 팀워크를 무시하는 직원에 대해서는 엄격해져야 한다. 조직장은 자신의 잘못된 습관이나 허물에 대해서 더 엄격해야 한다. 자신의 잘못에 관대해지다 보면 어느 순간 아랫사람들의 잘못을 탓할 수 없게 되고, 자연스럽게 조직은 병들게 된다. 김 팀장이 가장 경계하는 일이다.

조직장은 용서할 줄 아는 사람이다. 용서해 이기는 자만이 진정한 조직장이다. 용서한다는 것은 잊는다는 것이고, 용서하는 조직장은 강한 조직장이다. 내가 용서함으로써, 용서를 받은 사람은 또 다른 사람을 용서할 수 있는 법이다. 김 팀장은 이 전무가 강조한 말을 기억한다.

"조직장의 행동 하나하나를 구성원들이 지켜보고 따라 배운다는 점을 조직장은 명심해야 한다."

메모

최고 경영자인 정 사장은 메모광이다. 그의 수첩에는 매일 중요한 일들이 하나도 빠짐없이 적혀 있다. 과거의 데이터가 모두 그의 수첩에 있으니 그는 직장생활의 이야기를 책으로 낼 수 있을 정도이다.

정 사장은 직원들과 메모를 통해 커뮤니케이션을 한다. PC가 도입된 이후에는 정 사장은 매일 아침 자신이 할 일에 대해 1시간 단위로 직원들에게 공유한다. 직원들은 몇 시에 정 사장이 출근했고, 몇 시에 누구를 만나며, 누구와 식사하며, 몇 시에 퇴근한다는 것까지 다 알 수 있다. 급한 일이 있으면 예정된 사람에게 양해를 구하고 먼저 들어가 보고하는 상황이 발생할 정도였다. 정 사장은 일관된 메시지를 보냄으로써, 임직원들은 그들의 철학과 정 사장과의 벽을 좁히게 되었다. 메모가 주는 힘이었다.

제조업을 하는 어느 회사는 교육이나 회의에 메모를 하는 사람이 없다. 마치 빨리 교육이나 회의가 끝나길 기다리는 사람처럼 모든 사람들이 듣기만 한다. 회의를 주관하거나 강의를 하는 사람은 불안해서 중요한 부분을 거듭 이야기하지만 적는 사람이 없다. 하나의 행동을 보면 그 회사의 문화를 엿볼 수 있고, 미래를 엿볼 수 있다.

최근 한국을 방문한 외국인들은 한국의 미래에 대해 좋게 이야기하지 않는다. 2가지 좋은 문화가 사라졌다고 한다. 하나는 책을 읽는 사람이 없다고 한다. 지하철이나 거리의 벤치에서 사람들은 전부 휴대폰을 보고 있다고 한다. 물론 휴대폰을 통해 세상 여러 뉴스를 접하고 폭넓은 정보를 얻을 수 있다. 그러나 깊은 성찰은 불가능하다고 한다. 다른 하나는 기록문화이다. 대한민국이 못 살았을 때에는 벤치마킹 온 사람들이 노트를 얼마나 빽빽하게 적는지 적지 못하게 했다고 한다. 요즘은 아무리 중요한 사항을 이야기해도 적지 않는다고 한다. 한국 사람들이 머리가 좋은 것은 알지만, 기록하지 않으면 안 되는 사항도 적지 않다 보니 자신이 가르쳐 주는 것을 과연 이해하고 수용하는 것인지 의심이 생긴다고 한다.

조직장으로서 구성원에게 메모하는 습관을 어떻게 갖게 할 것인가? 직장에서 직원을 불렀을 때, 수첩이나 메모할 것을 가져오지 않는 사람은 없을 것이다. 그러나 제대로 적는 사람 역시 그리 많지 않다. 지시가 짧으면 말로 듣고 "예, 알았습니다." 한다. 이보다는 "이것을 언제까지 하면 됩니까?" 하며 적은 것을 복창하는 것이 보기 좋다. 기록도 하지 않고 알았다고 한 직원이 주어진 기간 내에 일을 처리하지 못하면 다음부터는 알았다고 해도 뭘 알았는지 의문이 간다. 신뢰가 떨어졌기 때문이다. 아무리 짧은 지시라도 수첩에 적고, "A건에 대해 내일까지 보고하라는 말씀이지요."라고 하면 믿음이 간다. 이러한 교육은 신입사원 때 철저하게 이루어져야 한다.

삼성의 신입사원 교육은 직장예절을 강하게 시키기로 정평이 나 있다. "그런 교육이 왜 필요하냐?"고 의문을 제기할 수 있고, 이상하게 생각할 수 있어도 직장생활을 하면서 가장 중요한 것은 기본이다. 메모는 바로 기본 중의 기본이다. 김 팀장은 메모하지 않는 직원에 대해서는 메모를 하게끔 시키고 있다. 지시한 내용에 대해 꼼꼼히 적게 한다. S그룹 비서실에는 '회장님 지시사항'이라는 일일 보고서가 있다. 이 보고서는 매일 매일 회장님의 지시사항이 무엇이며, 누가 처리하며, 언제까지 처리해야 하며 처리된 날짜를 적은 목록이다. S그룹은 회의 시작 전에 지시사항 이행부터 이야기한다. 이행이 안 된 과제에 대해 왜 안 되었고 언제까지 마무리할 것인가에 대해 이야기하고 본 주제를 이야기한다. 이행이 안 될 수가 없다. 메모가 주는 놀라운 영향력이다. 적혀 있기 때문에 실행이 된다.

김 팀장은 조직장이라면 기록문화를 계승하고 발전시키는 사람이라고 생각한다. A회사는 역사관을 건립하려고 회사가 여러 자료를 모았으나, 자료가 거의 없었다. 불필요한 문서를 버리는 기준을 단위조직의 총량으로 잡았기 때문에 어느 문서가 중요하고 어느 문서를 폐기해야 하는가가 중요하지 않아 전부 버렸다. 어리석기 그지없는 일이지만 그 당시에는 버리는 것이 최선이었다. 당연하게도 역사관에 보존할만한 기록물은 없었다.

과거의 기록이 현재에 많은 영향을 주지 않을 수 있다. 그러나 후배들에게 도움이 되도록 매뉴얼 형식을 만들거나 시작부터 끝까지 동영상과 설명을 함께하는 배려하는 마음으로 작업을 하는 것이 보다 바람직하지 않겠는가? 한 업무의 담당 직원이 회사를 떠났을 때, 그 업무에 관한 모든 자료와 인맥이 사라진다면 얼마나 당혹스럽겠는가? 기록으로 남겨진 자료를 중심으로 회사의 문화가 숨 쉬며, 그 문화를 구성원이 계승 · 발전시키려 한다면 그 회사의 미래는 밝을 것이다.

김 팀장은 조직장이라면 구성원에게 꿈을 심어 주는 역할을 하지만 구성원들에게 자신이 하는 일의 중요성을 부각시키고 성과를 내도록 독려하며 그 결과를 잘 정리하여 남겨야 하는 책임도 있다고 생각한다. 컨설팅 회사는 컨설턴트에게 매주 자신이 한 일을 정리하여 반드시 보고하도록 하고 있다. 컨설팅 중에는 쉽게 얻을 수 있는 많은 정보가 컨설팅 후에 정리되기는 어렵기 때문이다.

자신이 한 말은 반드시 지킨다

요즘 김 팀장의 고민은 구성원과 말을 할 때 어떤 마음가짐을 가져야 하는가이다. 휴게실에 가면, 저 사람이 조직장인지 개그맨인지 구분이 가지 않을 정도로 수다스러운 사람이 있다. 반면 어느 조직장은 말이 없다. 직원들 입장에서 보면 불안하다. 상사가 무슨 생각을 하고 있는지 알 길이 없다. 너무 많은 말도 문제이지만, 침묵으로 일관하는 것도 문제이다.

조직장은 상황에 따라 적절하게 대화를 리드해 나가야 한다. 조직장이 말을 할 때 꼭 명심해야 할 것이 3가지 있다. 하나는 조직장의 말에는 신용이 있어야 한다는 것이다. 조직장의 한마디는 구성원 입장에서 보면 원칙이 되고, 의사결정 사항이 되고, 나아가 지시가 되기 때문에 조직장이 실없이 말을 함부로 해서는 곤란하다.

둘째는 조직장의 말에는 실행이 담보되어야 한다. 조직장이 단순히 말하는 것과 실천해야 하는 것을 구분하지 못하고 이야기한다면 이미 조직장으로서의 자격은 박탈된 것이나 다름없다.

마지막으로는 말을 하는 것은 침묵보다 좋은 것이어야 한다. 흔히 '가만히 있으면 중간이나 가지'라고 이야기한다. 침묵하면 화가 오지 않을 것을 한마디의 부주의한 말로 큰 불행을 사서 하는 사람이 있다. 조직장이 말을 꺼낼 때에는 몇 번이나 심사숙고해야 한다. 조직장이 말을 했다는 사실 하나가 구성원에게는 구속이 되며 배움이 된다.

조직장은 자신이 한 말을 실천하기 위해서는 무엇을 해야 하는가? 김 팀장은 자신이 지시한 사항을 반드시 수첩이나 지시카드에 적어 놓고 있다. 비서가 있어 지시사항을 적어 놓으면 좋겠지만, 그럴 수 없는 사항이기 때문에 지시를 받은 구성원이 알 수 있도록 지시카드에 적고 확인시켜 실행력을 높여가고 있다. 지시카드에는 언제, 어떤 내용을, 누구에게, 언제까지 요청했는가를 적어 놓고 매일 한 번씩은 반드시 체크한다. 지난 날짜에 실행되지 않은 것은 별도의 표시를 하여 가장 먼저 볼 수 있도록 해 놓고 있다.

조직장은 중요한 것을 우선하되, 그 자리에서 바로 처리할 수 있는 것은 바로 처리해 주는 것이 좋다. 사소하며 시간이 걸리지 않는 본인이 하기로 한 일은 먼저 처리해 줌으로써 신용을 쌓아 가는 것이다. 구성원이 봤을 때 아무 일도 아닌데 처리가 되지 않으면 실망하게 되는데, 그 사소한 일을 요청하기 위해 상사를 찾는다고 생각해 봐라. 구성원 입장에서는 엄청 짜증나는 일이다. 조직장이 그러한 원인의 제공자이다. 화이트보드를 사용하는 것도 매우 좋은 방법이다. 전원이 다 볼 수 있는 화이트보드에 그날 자신이 하기로 한 사항을 적고 혹시 직원들에게 빠진 것이 있나 묻고 처리해 나가되, 퇴근 시 못한 것에 대해 양해를 하는 방법이다.

마지막으로는 조직장의 마음가짐이 중요하다. 오늘 처리하지 못하면 끝날 때까지 퇴근하지 않고 처리하는 사람이 있다. 옳은 일이다. 그러나 피로의 누적으로 건강을 잃으면 아무 것도 남는 것이 없다. 이보다는 구성원들이 우리 조직장은 자신이 한 말을 지키며, 지키기 위해 노력하는 사람이라는 모습을 보여 주는 것이 보다 중요하다.

어느 날 한 여사원과 2주 전에 점심약속을 했는데, 당일 11시에 갑자기 사장님으로부터 점심 함께하자는 전화를 받았다면 당신은 어떻게 하겠는가? 더 중요한 것이 사장님과의 점심이 될 수도 있다. 조직장인 당신이 사장님께 "예, 알겠습니다." 하는 순간, 그 여사원은 당신과 함께 식사하려던 오래전부터의 계획이 다 날아간다. 우선 생각해야 할 사람은 당신도, 사장님도 아닌 바로 당신과 함께 식사하기로 한 그 여사원이다. 조직장으로서 당신의 말 한마디는 반드시 실천될 수 있도록 당신이 소중히 지켜가야 한다.

팀장들이여!
제 역할 이상을 하며 경영자를 꿈꾸며 즐겨라

팀장이 되기까지 수없이 많은 어려움이 있었을 것이다. 많은 일들을 수행하고 성과를 올리는 동안, 일에 대한 자신만의 철학이나 원칙 그리고 방식들을 갖게 되었을 것이다. 지금까지 이러한 철학과 원칙과 방식들이 큰 도움을 주었고 계속해서 의존하는 경향을 보였을 것이다. 담당자의 역할을 수행할 때 힘이 되었던 생각이나 방식을 새로운 임무를 부여 받은 팀장이 되어서도 고집한다면, 회사는 비싼 급여를 주는 담당자 한 명을 보유하게 될 뿐이다. 새 자리에 맞는 리더십을 발휘해야만 한다. 이를 위해서는 이전에 갖고 있던 생각이나 태도나 행동 중 많은 부분을 과감히 버려야 한다. 실무 업무를 추진할 때의 생각이나 행동은 조직과 팀원을 이끌고 의사결정을 하면서 성과를 높여가야 하는 역할을 수행하는 데 걸림돌이 될 수 있다. 더 높은 역할을 수행하면서 최고의 성과를 창출하려면 과거 담당자의 역할에서 벗어나 새로운 역할에 부합되는 원칙과 방식에 집중해야 한다. 무슨 일을 해야 할지 아는 것도 중요하지만, 최고의 성과를 내게 하는 원칙과 방식을 파악하고 지속적으로 이끌어 가도록 자신만의 강점을 만들어내는 일이 무엇보다 중요하다.

팀장이 된 기쁨도 잠시, 피터의 법칙처럼 담당자 때에는 매우 우수한 직원이었는데 팀장이 되어 무능하다고 지적 받고 퇴직하거나 보직해임 당하는 등 실패하는 팀장들을 종종 본다. 팀장으로 실패하는 이유는 무엇일까? 통상적으로 6가지로 살펴볼 수 있었다.

첫째, 조직을 이끌어 갈 비전이나 전략이 없이 그 조직이 해야 할 일 처리에만 몰두하는 경우이다. 다들 열심히 하지만 왜, 무엇을 달성하기 위해 열심히 하는가에 대해 팀과 구성원 간의 합의를 이루지 못한 경우이다. 지향하는 방향이나 목표가 없으니 좌충우돌한다. 기존에 했던 유지과제 중심으로 일들을 추진한다. 방향도 없고 개선이나 도전이 없으니 힘이 솟을 수가 없다.

둘째, 과거 자신을 이끈 생각이나 성공방식을 버리지 못하고 새로운 변화를 선도적으로 주도하지 못한 경우이다. 일을 담당할 때의 생각과 방식은 조직과 팀원을 이끌고 의사결정을 해야 할 때의 생각이나 방식과 같을 수가 없다. 팀장이라면 자신의 역할 변화와 사업 관점에서 자신이 담당하는 조직과 팀원을 연계시키며 성과를 창출해 내기 위해 부단히 노력해야 한다. 실무적으로 일 처리하는 단계에서 벗어나 길고 멀리 보며 변화의 흐름을 놓쳐서는 곤란하다.

셋째, 신속하고 종합적인 의사결정을 하지 못하는 경우이다. 팀장은 먼저 회사 입장에 서서 전체를 보며 의사결정을 해야 한다. 개인이나 조직의 이기를 앞세워서는 안 된다. 개인이나 담당 조직이 손해를 보더라도 회사 전체의 이익이 된다면 당연히 전체 이익이 되는 의사결정을 해야 한다. 결정할 사안에 대해 심사숙고는 필요하다. 하지만 지나치게 신중하여 때를 놓치거나 담당자를 지치게 하면 곤란하다. 방향과 큰 그림을 그려 주고 담당자가 일을 쉽게 할 수 있도록 해줘야 한다. 의사결정이 신속하게 처리될 수 있도록 관련자들을 모아 토의하고 협의하여 한 번에 결정이 이루어지도록 해야 한다. 담당자에게 영향을 주는 사람들을 개별적으로 만나 협의하라고 하면 담당자는 무척 힘이 들게 된다. 하나의 보고서가 최종 결재되기까지 20번 넘게 수정된다면, 담당자는 매우 수동적으로 임하게 된다. 이러한 현상은 빠르게 확산된다.

넷째, 일하는 방식이 일관성과 체계가 없고 그때그때마다 다른 경우이다. 대부분의 팀장들은 일을 처리하는 프레임을 가지고 있다. 일을 통해 얻고자 하는 부분을 명확히 인식하고, 회사 성과에 기여하도록 업무를 지시한다. 목표에 대한 조감도를 갖고 팀원들에게 명확하게 업무 분장 및 지시를 내려야 한다. 일의 방향이나 목표 그리고 결과에 대한 확신이 없으면 팀원들은 당황하게 된다. 전문성마저 떨어진다면 치명적이다.

다섯째, 인간관계 역량의 부족이다. 회사의 많은 일은 혼자서 할 수 있는 것보다 타 부서와 협조하면서 함께 해야 하는 것이 대부분이다. 팀장이 되면 일을 잘하는 것이 중요하기보다 관계를 잘 정립하고 유지해 가는 것이 보다 중요하다. 팀원 한 사람에게 관심을 가지고 제대로 이끌어야 한다. 상사와 업무 관련 팀장들과 원만한 관계가 형성되어 있어야 한다. 팀장이 독불장군식이거나 은둔형이 되어서는 팀원들이 힘들다.

여섯째, 커뮤니케이션 기술의 부족이다. 팀원들은 물론이고 조직의 R&R을 수행하는데 도움이 되거나 영향을 줄 수 있는 이해자

집단과의 소통 능력은 상위층으로 올라갈수록 더 요구된다. 똑같은 사안임에도 불구하고 어느 팀장은 쉽게 협조를 얻어내지만, 어느 팀장은 관련 부서와 갈등만 조장하고 조금의 도움도 받지 못하는 경우가 있다. 남의 입장을 고려하지 않고 자기주장만 하거나 경청이나 배려가 없는 일방적 소통을 한다면 주위에서 기피 대상 1호가 된다.

이 책은 팀장으로 성공하고 경영자로 성장하기 위해 중요한 7가지 영역의 지식과 스킬에 대해 이야기하고 있다. 담당자에서 팀장이 되며 가장 중요한 차이는 바로 '의사결정'이다. 31년 동안 직장생활을 하고 20년 넘게 조직장으로 있으면서, 팀장에게 가장 중요한 것은 '팀장이 되었다면 팀장으로서 필요한 생각과 행동을 취하고, 그동안 도움이 되었던 생각이나 행동을 버리는 용기'라고 생각한다. 팀장으로서 해야 할 목표와 일을 수행하는 데 어떤 생각과 행동이 도움이 되는가를 깊이 고민하고 자신을 이끌어야 한다. 지금까지 하던 방식으로 일을 한다면 결코 뛰어난 성과를 낼 수 없다. 조직에게 주어진 목표 그 이상을 달성하고 조직과 구성원들을 더 높은 수준으로 가져가야 한다. 변화에 적절하게 대처하는 것만으로는 곤란하다. 향후 발생할 수 있는 변화를 읽고 선도적으로 이끄는 주도성을 가져야 한다. 조직의 비전과 전략을 설정하고 팀원들을 한마음 한 방향으로 이끌어 성과를 창출해야만 한다.

이 책은 향후 알 수 없는 환경과 변화를 헤쳐 나가야 하는 팀장으로 성공하기 위해 취해야 할 생각과 행동을 김 팀장이라는 가상의 인물을 통해 제시하고 있다. 비전제시, 전략적 사고, 변화 주도, 일 관리, 사람관리, 조직관리, 자기관리의 7가지 영역을 통해 큰 그림을 그리게 하고 있다. 각각의 영역에서 무엇을 취해야 하는가에 대한 구체적인 통찰력과 실행력을 제공한다. 각각의 내용들을 통해 팀장들이 보다 도전적이고 구체적인 목표를 정하고 이를 실행할 수 있도록 자신감을 심어 주고 있다.

성공하는 팀장들은 자기인식에 큰 강점이 있다. 자신의 성격이나 성품의 강약점을 명확하게 알고 있으며, 미래 자신이 바라는 바람직한 모습이 설정되어 있다. 현재 자신의 위치에서 무엇을 해야 하는가를 알고 있으며, 미래의 모습으로 가기 위해 어떤 노력을 해야 하는가를 알고 행하고 있다. 이들은 성공에 대한 확신과 도전, 열정의 마음가짐이 강하며, 이를 이끌 지식, 경험이나 스킬의 역량을 부단히 높이고 있다. 이들은 결코 과거에 연연하지 않는다. 미래를 생각하며 현재를 악착같이 실행해 나간다. 이들은 전문성과 덕을 갖추고 조직을 이끈다. 단기 실적보다는 장기 성과를 생각하며, 자신의 욕심이 아닌 후배들에게 물려 줄 옥토를 고민한다. 이들은 자기 마음속에 있는 사람보다는 그 사람 속에 간직된 자신의 모습을 생각하며 행동한다. 이들은 회사와 사업에 대해 멀리 바라보며 자신이 하는 일에 대한 자부심이 대단하다. 철저한 자기관리를 통해 자신과 그 주변을 이끌어 간다. 이들은 앞이 보이지 않는 환경에서 철학과 원칙을 가지고 한 걸음 한 걸음 발을 옮기면서 무엇이 도움이 되고 무엇이 방해가 되는가 고민하며 성과를 추구한다. 이들은 팀장이면서 항상 CEO와 같은 마인드를 가지며 회사, 사업, 조직, 사람 그리고 자신이 하고 있는 일에 집중한다.

팀장은 실무 담당자에서 경영자로 가기 위한 하나의 단계이다. 이 단계에서 느끼고 배운 것이 경영자로 성장하는 데 큰 도움이 되리라 생각한다. 아무도 먼 앞날을 볼 수 있는 사람은 없다. 우리가 가진 것은 자신이 최상의 상태에서 나타나는 생각과 행동을 바탕으로 최선의 결과를 만들어 낼 수 있는 마음가짐과 역량이 전부이다. 지금 어떠한 상황에 있더라도 그 다음 단계로 가기 위해서는 자신의 특성을 무한 발휘해야만 한다. 이 책은 그 방법을 제시하고 있다.

1) 서문

2003년 7월, 직장 생활의 큰 획을 긋는 시기였다. 삼성인들은 삼성을 떠나면 안 된다는 생각을 어느 정도 갖고 있다. 삼성 비서실(인력개발원) 4년과 삼성 경제연구소 11년을 근무하면서, 누구보다 삼성에 대한 충성도가 강했다. 그런 내가 LG정유로 회사를 옮기게 되었다.

HR은 현장의 정서를 알고, 현장의 문제를 해결해 줘야 함에도 그룹의 전략과 제도 연구만 15년 넘게 하며 일을 해온 것이다. 그렇기에 현장을 알아야 한다고 느끼는 순간, LG정유(현 GS칼텍스)의 인사기획팀장으로 자리를 옮기게 되었다. 사람들이 낯설었고 문화도 이질적이었지만, 조직장으로 무엇인가 기여하는 사람이 되고 싶었다. 3분 경영을 시작하게 된 하나의 이유였다.

한 분야에서 직장생활 17년이면, 언제 어디서나 자신의 직무에 대해 주관을 가지고 논리를 주장할 수 있어야 한다. 그러나 현장을 몰랐고 좁은 관계로 생활해 와서인지 사람들의 마음을 훔칠 수 없었다.

LG정유(GS칼텍스) 생활을 하면서 사람과의 관계에 대한 눈을 뜨게 되었다. 회사 생활에 있어 일 그 자체를 잘하기보다는 관계를 잘하는 것이 훨씬 더 높은 성과를 창출함을 알게 되었다. 더불어, 함께 성취하는 삶이 의미 있음을 알게 되었다. 돌아보니 많은 사람들이 나의 성장에 큰 도움이 되었음을 느끼게 되었다. 이제는 내가 후배들에게 뭔가 도움이 되는 사람이 되어야 함을 느꼈다. 20년 가까이 HR을 했으니 이제 현장의 조직장들과 HR에 몸담고 있는 후배들에게 뭔가 도움이 되자는 생각을 가지게 되었다. 기왕 하는 것, 매일 보내자는 결심을 하게 되었다. 3분 경영이 태어나게 되었다.

14년 동안, '홍석환의 3분 경영'을 보내며 어려움도 많았다. 처음에는 지인들과 GS칼텍스 조직장 및 원하는 사람들에게만 전송하던 것을 지금은 6천 명의 지인들에게 보낸다. 네이버는 한 번에 100명밖에 전송할 수 없어, 작성하는 시간보다 전송하는 시간이 훨씬 많이 소요된다. 그러다 보니 '홍석환의 3분 경영'을 작성하고 전송하는 데 매일 족히 1시간 가까이 소요하게 된다. 회사의 보안 강화로 외부 전송이 어려워지는 순간도 있었다. 이런 메일을 왜 보내냐는 조언도 있었다. 심한 경우, 인위적으로 사람을 사귀려는 속 보이는 행동이라는 말도 들었다. 그러나 하루하루 조직장이 가져가야 할 마음가짐, 리더십 역량과 직무역량 등에 대해 강조하면서 지금은 꽤 많은 지인들이 고맙다는 말과 좋은 글들을 보내 준다.

세상은 빠르게 변한다고 한다. 변하지 않는 것이 없다고 한다. 그러나 사람 마음속에 간직된 그 사람에 대한 인식은 쉽게 변하지 않는다. 요즘 후배들에게 강조하는 사항은 31년 전 신입사원 시절, 사수였던 선배가 한 말이다. “언제 어디서나 누구에게나 너의 회사, 함께하는 사람들, 하는 직무, 회사 제품이나 서비스에 대해 단 한 마디도 나쁘게 이야기하지 마라.”이다. ‘홍석환의 3분 경영’을 통해 한 분, 한 분이 보다 바람직한 모습으로 자신의 꿈을 설정하고, 이를 달성하기 위해 일, 사람, 변화, 관리의 측면을 악착같이 실행하여 보다 성숙해지길 바란다. 먼저 자기 자신을 명확히 인식하고, 어느 정도 성취를 이루면 타인을 위해 자신의 지식이나 경험을 나누길 희망한다. 아침에 일어나 이런 생각을 한다. “행복하다. 내가 할 일이 있고, 갈 곳이 있고, 만날 사람이 있어 정말 행복하다.” 그리하여 이렇게 태어난 작은 나눔, ‘홍석환의 3분 경영’을 일부나마 지면을 빌려 담아보고자 한다.

2) 홍석환의 3분 경영
– 조직장을 이해해 주세요

조직장이 안 변한다고 합니다. 아닙니다. 조직장들은 너무 많은 변화를 겪어 왔습니다. 입사하여 지금까지 위기가 아닌 때가 없었고, 아날로그 시대에서 디지털 시대로의 전환, IMF 구제금융과 금융위기, 고성장에서 저성장으로의 변화 등 그 어느 시대, 그 누구보다 일하는 사고와 행동에 큰 변혁을 겪었습니다.

무조건 하라면 하라는 강압적 리더십으로 배웠는데, 지금은 솔선하며 배려하는 리더십을 원합니다. '나를 따르라'에서 구성원의 비전과 목표 그리고 열정을 지원하는 서번트 리더십으로 변해야 합니다. 나아가 조직과 구성원의 가치를 키우며, 진정성을 바탕으로 회사의 지속성장을 위해 목표는 반드시 초과 달성해야 하는 과제가 두 어깨를 무겁게 합니다.

사실, 조직장의 사고와 행동의 변화보다 세상이 더 빨리 변하고, 시장 환경은 더 경쟁적으로 바뀌고 있습니다. 과거의 영광 속에 머물던 기업들은 사라졌고, 현재의 전략과 방안이 조만간 최선이 아니며, 미래를 선도하는 기업만이 생존하는 시대에 변화관리와 의사결정을 하는 조직장의 역량은 절대적입니다.

조직장이 변하지 않는다는 말보다 조직장의 힘겨움을 이해하고, 함께 고민하여 어려움을 헤쳐 나가는 하루 되세요.

3) 홍석환의 3분 경영
– 바람 부는 날, 영업사원에게 배웁니다

오늘은 저희 회사의 영업사원 이야기를 전해 드리려고 합니다. 입사 12년차인 사천지점 이준기 주임이 보내 준 사연입니다.

"사장님의 마트가 나에겐 삶의 터전이지요."

입사 12년, 아직도 초심을 잃지 않으려 한다. 입사 초, 영업현장에서 판매점 방문 때마다 항상 바쁘다고 제대로 이야기 한 번 못 하는 사장님을 위해서 비어 있는 담배 칼럼을 채워주고 가는 저를 보고 한 번은 중매를 서겠다고 말씀하시는 사장님. 치열한 경쟁사와의 매출 전쟁, 협상을 이기기 위해 목욕탕까지 따라 들어가 때를 밀어드리고 사장님의 마음을 돌리던 기억들.

1년에 3~4번 풍랑으로 배가 들어가지 못하는 섬의 점주님에게 지금도 일일이 전화 드려 바람 멈추면 가장 먼저 가겠다고 한다. 점주님을 대하는 단 하나의 원칙, "사장님이 잘돼야 나도 잘된다."

점주님이 아파서 매장 영업에 지장이 올 때나, 집안의 대소사로 실의에 빠져있을 때나, 점포 인근에 경쟁점포나 대형마트가 들어온다고 할 때나, 항상 점주님에게 버릇처럼 이야기하는 게 있다.

"사장님이 잘돼야 저도 잘되는 거 아입니꺼."

내가 하는 일은 담배를 열심히 갖다 주는 것 이외에는 딱히 해줄 게 없다. 그래도 무심코 점포 앞 지로용지가 떨어진 걸 주워 주거나 유리 진열장을 깨끗이 닦으면서 계산대 포스기도 같이 닦아 주면 미안해하는 점주님은 커피 한잔 주면서 자기가 할 테니 놔두라고 한다.

"사장님 마트 때문에 먹고사는데 이런 게 싫으면 직장 그만둬야 지예."

의외로 점주님들은 사소하고 조그만 일에 흐뭇해하고 기뻐한다. 항상 점주님이 잘되게 하려는 마음이 있다면 행동도 그렇게 된다고 생각한다.

사랑하는 마음이 있으면, 그 일이 아무리 힘들고 어렵고 하찮더라도 즐겁지요. 나에게 소중한 분들에게 감사하고 일의 의미를 찾는 한 주 이끄세요.

4) 홍석환의 3분 경영
– 신뢰받고 있나요?

성공한 CEO 2명의 성공비결을 보았습니다. 한 분은 '보고 또 보고 싶게 하라'입니다. 상사에게는 계속 근무하고 싶은 사람, 부하에게는 계속 모시고 싶은 사람이 되도록 했다는 것입니다. 다른 한 분은 '상사에게는 명예를, 부하에게는 공을' 주도록 했다고 합니다. 살아가면서 무엇이 가장 중요한가요? 혹자는 마음가짐이라고 합니다. 직무 전문성 등 역량을 말하는 분도 있습니다. "아니야~ 무엇보다 매일 실천이지."라고도 합니다.

담당자가 지방 지점에 업무 소개를 위해 여유롭게 출발했습니다. 30명을 대상으로 오후 7시 반부터 시작하는 설명회였는데, 가는 도중에 차 사고가 나는 바람에 2시간이 늦어져 9시 반에 도착하게 되었답니다. 차 사고로 인해 스마트폰은 망가졌고, 부상에도 불구하고 설명회장에 도착한 담당자를 감동하게 만든 것은 지점의 식구들이었습니다. 한 명도 집에 가지 않고 기다렸고, 부상을 보자 걱정을 해 주더라는 것입니다. 이들은 "우리 본사에 근무하는 분들은 반드시 온다."는 믿음을 갖고 있었답니다.

살면서 지식, 경험, 스킬, 인맥, 재산 다 중요하지만 나를 우리로 만들며 끈끈히 이어주는 것은 신뢰 아닐까요? 나는 지금 얼마나 주위 사람으로부터 신뢰받고 있나요?

5) 홍석환의 3분 경영
– 회사 이미지가 나에게 미치는 영향

하버드 MBA 출신이며, 미국 생활용품 마케팅을 담당한 재원의 이력서를 받는다면 어떻게 하겠습니까? 생활건강업체라면 면접을 보자고 할 것입니다. 하지만 만약, 이 사람이 옥시의 영업 경영자라면? 채용을 결정하기 쉽지 않을 것입니다.

명성을 쌓아가기는 매우 어렵습니다. 일본은 100년이 넘는 회사와 가게는 수없이 많고, 1,000년이 넘는 회사도 있습니다. 이들 창업주는 후손들에게 회사(가게)의 창업 정신과 원칙을 물려줬고, 그들은 수많은 시간이 흘러도 그 정신과 원칙을 지켜 갑니다. 처음의 맛을 지키기 위해 전국을 돌며 재료를 구합니다. 이들에게 고객을 속이는 일은 생각할 수도 없습니다.

명예를 실추하는 것은 매우 쉽습니다. 온갖 갑질과 임직원의 부도덕한 언행, 리먼브라더스와 같이 부정행위로 인한 회사의 파산, 옥시와 폭스바겐과 같은 고객을 속이며 건강을 위협하는 행위 등으로 기업뿐 아니라 선한 직원들도 부도덕하게 됩니다. 이들은 부끄러워 어느 회사에 다닌다고 말을 할 수가 없습니다. 이렇게 실추된 기업의 직원들이 다른 회사를 구할 때, 사람들은 이들이 이곳에서도 바르지 못한 행동을 하지 않을까 불신의 눈으로 바라봅니다.

우리가 내가 속한 회사, 함께하는 직원, 제품과 내가 하는 일에 더욱 애착을 가지고 언제 어디서나 누구에게나 좋은 이미지를 심어 주어야 하는 이유입니다. 자신의 회사를 사랑하는 하루 되세요.

6) 홍석환의 3분 경영
- 왜 일이 비효율적으로 진행되는가?

이전 직장에서 업무를 추진하기 위해 두 가지 방법을 사용했습니다. 한쪽은 CEO 지시사항이라고 하며, 관련 부서를 심하게 압박했습니다. 한두 번은 먹히지만 갈수록 더 업무 추진이 힘들어지더군요. 다른 한쪽은 촉박한 마감 기한을 주어 다급하게 했습니다. 확실히 스피드는 높아졌지만 일의 질이 떨어지는 결과를 초래했습니다. 젊은 직원들에게 비효율적인 일의 이유에 대해 물어봤습니다.

〈1〉 지시가 불명확하다.

〈2〉 우리 부서, 내 역할이 아닌 지시를 내린다.

〈3〉 의사결정이 왔다 갔다 하거나 결정을 미룬다.

〈4〉 방향과 틀을 줘야 하는데, 주제와 마감기간만 있다.

〈5〉 최종 의사결정자가 누구라는 것을 알려주지 않는다.

〈6〉 혼자 비밀리에 하라고 한다.

〈7〉 의견을 구했으나 다 모른다고 하며 소극적이다.

〈8〉 과거 했던 범위를 벗어나지 말라고 한다.

〈9〉 규정이나 규칙을 무조건 지키라고 한다.

〈10〉 한 자리에서 의사결정이 아닌 한 명 한 명 다 찾아가 협조를 받아야 한다.

〈11〉 내용보다는 장표에 집중한다.

〈12〉 네가 낄 자리가 아니라고 배석도 못하게 한다. 등등 리더는 길고 멀리 보면서 제대로 일을 하도록 방향설정, 의사결정, 소통과 협력을 이끄는 사람이 아닐까요?

*** 혹시나 이 지면을 통해 '홍석환의 3분 경영'에 관심을 갖고, 조직장으로서 발전을 위해 참고하고자 하는 분이 있다면, no1gsc@naver.com으로 문의해 주시길 바랍니다.**

회사의 미래와 자신의 인생을 행복으로 이끄는 리더십을 통해 행복과 긍정의 에너지가 팡팡팡 샘솟으시기를 기원드립니다!

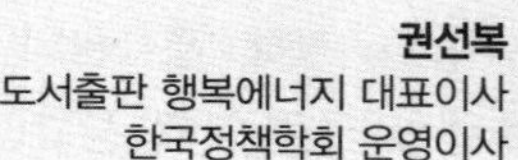

권선복
도서출판 행복에너지 대표이사
한국정책학회 운영이사

장기적인 내수경기 침체와 세계경제 불안은 많은 기업들을 불안에 몰아넣고 있습니다. 실제로 인력 감축과 사업 축소를 넘어 쓰러지는 회사들이 속출하고 있습니다. 일류 선진국 진입을 목전에 둔 우리나라의 입장에서는 시름이 깊어질 수밖에 없습니다. 이럴 때일수록 임원과 직원이 하나 되어 회사를 더 밝은 미래로 이끌어야 합니다. 특히 회사 내 각 부서, 조직의 장을 맡은 중간 관리자의 역할이 중요합니다. 리더와 직원 사이에서 원활히 소통을 유도하고 전반적인 실무를 주도하는 조직장의 능력과 열정이 회사를 위기에서 구하고 성장을 도모할 수 있습니다.

책『사장이 붙잡는 김팀장』은 회사의 중심, 조직장들의 역량을 최대한 끌어올리기 위한 방안을 세세히 담고 있습니다. 회사를 위한 비전 제시와 전략적 사고 그리고 변화를 주도하는 노하우를 상세히 소개함은 물론, 일과 사람 그리고 조직과 자기 관리에 대한 방편을 다양한 사례와 심도 있는 연구를 통해 제시합니다. 저자는 1986년 첫 직장생활을 삼성에서 시작해 삼성전기, 삼성비서실, 삼성경제연구소에서 17년간 근무하면서 인사 경험과 이론을 쌓고 컨설팅을 수행했습니다. 이후 GS칼텍스에서 8년간 인사기획, 조직문화, 인재개발 업무를 담당했고 2010년부터 KT&G에 몸담아 현재는 KT&G 인사개발원장으로 근무하고 있습니다. 책뿐만 아니라 '3분 경영' 메일로 매일 6천여 명의 독자에게 성공 노하우와 긍정 에너지를 아낌없이 전파하는 저자에게 큰 응원의 박수를 보냅니다.

기업을 경영하다 보면 늘 위기가 다가옵니다. 성장을 위해서도 도전은 반드시 필요합니다. 위기를 극복하고 도전을 이끌 조직장의 위치에 있거나 조직장을 꿈꾸는 이들에게『사장이 붙잡는 김팀장』이 길잡이가 되어 주기를 바라오며, 이 책을 읽는 모든 분들의 삶에 행복과 긍정의 에너지가 팡팡팡 샘솟으시기를 기원드립니다. 변혁의 리더십을 세상에 전파하는 이 책의 2쇄 발행을 진심으로 축하드리며, 대한민국에 행복에너지가 더욱 널리 퍼지기를 기원드립니다.

함께 보면 좋은 책들

사람은 다 다르고 다 똑같다

민의식 지음 | 값 15,000원

책『사람은 다 다르고 다 똑같다』는 '소통'을 통해 자신의 행복한 삶을 도모함은 물론 그 주변, 나아가 세상의 행복을 이끄는 방안을 다양한 사례를 통해 제시한다. 다양성과 다름을 인정하고 이를 조화시키고 통합함으로써 가정과 학교, 직장, 사회 그리고 국가 내에서 소통을 도모하는 방안을 역사적, 인문학적 관점으로 풀어나간다.

꽃할배 정우씨!

김정진 지음 | 값 15,000원

책『꽃할배 정우씨』는 위의 질문에 대한 멋진 답변이 담겨 있다. 노숙자로 전락했던 한 노인이 나이를 무색하게 하는 열정을 통해 현역으로 복귀하는 과정을 생생히 담고 있다. 그 열정이 자신의 삶은 물론이요, 그 주변과 세상을 행복하게 물들이는 장면들은 온기를 넘어 작은 깨달음마저 독자의 마음에 불어넣는다.

시가 있는 아침

이채 외 33인 지음 | 값 15,000원

책『시가 있는 아침』은 어렵사리 가슴에 담은 믿음 하나로 나름의 구심점과 보람을 찾으려는 다양한 분야의 사람들이 모여, 이를 작품으로 체화한 시 모음집이다. 비록 전문 작가는 아니지만, 정성 들여 써 내려간 작품들을 조심스레 독자들에게 건네고 있다.

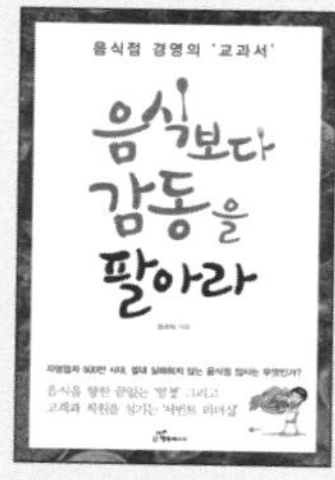

음식보다 감동을 팔아라

김순이 지음 | 값 15,000원

책『음식보다 감동을 팔아라』는 가장 '기본적인' 것부터 지키고 그때그때 상황에 맞는 아이디어로 재치 있게 위기를 극복해내면서, 20년 넘게 외식사업을 성공적으로 이끌어 온 한 CEO의 성공 노하우와 경험담을 담고 있다. 고객은 물론 직원들마저 가족처럼 섬기는 '서번트 리더십'으로 대한민국에서 가장 성공한 음식점 사장님이 된 과정을 생생히 그려내고 있다.

하루 5분나를 바꾸는 긍정훈련

행복에너지

'긍정훈련'당신의 삶을
행복으로 인도할
최고의, 최후의'멘토'

'행복에너지
권선복 대표이사'가 전하는
행복과 긍정의 에너지,
그 삶의 이야기!

권선복 지음 | 15,000원

권선복

도서출판 행복에너지 대표
지에스데이타(주) 대표이사
대통령직속 지역발전위원회
문화복지 전문위원
새마을문고 서울시 강서구 회장
전) 팔팔컴퓨터 전산학원장
전) 강서구의회(도시건설위원장)
아주대학교 공공정책대학원 졸업
충남 논산 출생

책 『하루 5분, 나를 바꾸는 긍정훈련 - 행복에너지』는 '긍정훈련' 과정을 통해 삶을 업그레이드하고 행복을 찾아 나설 것을 독자에게 독려한다.
긍정훈련 과정은 [예행연습] [워밍업] [실전] [강화] [숨고르기] [마무리] 등 총 6단계로 나뉘어 각 단계별 사례를 바탕으로 독자 스스로가 느끼고 배운 것을 직접 실천할 수 있게 하는 데 그 목적을 두고 있다.
그동안 우리가 숱하게 '긍정하는 방법'에 대해 배워왔으면서도 정작 삶에 적용시키지 못했던 것은, 머리로만 이해하고 실천으로는 옮기지 않았기 때문이다. 이제 삶을 행복하고 아름답게 가꿀 긍정과의 여정, 그 시작을 책과 함께해 보자.

『하루 5분, 나를 바꾸는 긍정훈련 - 행복에너지』